税理士のための

個人事業者・フリーランスの税務調査

実例&対応ガイド

税理士 内田 敦 著

税務経理協会

はしがき

税務調査は、個人事業者にとって非常に手続きが煩雑であり、大変な負担になるものです。どのような質問をされるのか、何を調べられるのか、追加の納税が発生するのかなど、不安は尽きません。

そのため、税務調査の対応については税理士に依頼することが多いです。

納税者の税務調査に対するイメージは、いわゆる「マルサ」であり恐怖の対象です。しかし、実際の税務調査の目的は適正な課税を実現することであり、マルサのようなことは起こりません。しっかりと対応すれば、恐れることはないのです。

また、税務調査の目的はあくまで適正な課税ではあるのですが、対応する税理士によっては結果が大きく変わってしまうことがあります。それにもかかわらず、税理士試験では税務調査に関する問題は一切出題されません。税理士になってから実務で対応しながら覚えていくしかありません。筆者自身、何度も個人事業者の税務調査を経験しながら、状況に応じてどのような対応をすべきかを身に付けてきました。今では、年間に50〜70件の個人事業者の税務調査の相談を受けるまでになりました。

しかしながら、実際に税務調査を体験できる機会は少ないものです。

本書では、個人事業者の税務調査では何を質問されるのかなど、税務調査の基本から、どのように対応すればトラブルなく早期に終了できるのか、納税者の負担が少なくなるのか、実際の事例を基に解説しています。

なお、守秘義務の関係から、事例については設定や事実関係を変更している部分があります。

本書が個人事業者の税務調査対応の一助になることを願っております。

2020年2月

内田　敦

目　次

目　次

目　次

第１章　税務調査とは何か

1 税務調査とは？

そもそも税務調査とは何でしょうか？

所得税や法人税は申告納税方式であり、自分で税金の計算をして申告をすることになっています。自分で申告するわけですから、当然ながら計算間違いや法令の適用誤りなども考えられます。中には意図的に税金を少なく申告してしまう人もいるかもしれません。

そういった税金の間違いなどがないかを確認するために行われるのが税務調査です。あくまで適正な納税をしているかどうかの確認であり、今後の税務手続きを適正に行ってもらうための指導の意味合いも含まれています。

課税当局が納税義務者に適正な納税義務を履行してもらうための手続きとして、

があります。

・調査
・行政指導

調査は質問検査権の行使を伴うものであり、受忍義務があります。それに対して行政指導は納税義務者の自発的な協力を求めるものであり、法令上の義務を負うものではありません。

また、行政指導の例としては、源泉所得税の納付状況に関する通知、確定申告書に添付すべき書類の添付がない場合に提出を要請する行為、確定申告書の計算誤り・転記誤り又は記載漏れ等があると思われる場合に自発的な見直しを促し、必要に応じ修正申告書等の提出を勧奨する行為などがあります。

行政指導は強制ではありませんので必ずしも応対する必要はありません。ただ、行政指導に従わずにいると税務調査に発展する可能性が高いので、早めに対応しておいた方がよいでしょう。

納税者がイメージする税務調査は強制捜査が多いようです。税務調査は任意とはいえ、実質的には受忍義務があるために強制捜査をイメージする方が多いのですが、実際の税務調査ではいわゆるマルサのような強制捜査をされることはまずありません。

繰り返しになりますが、税務調査は適正な申告をしているかの確認と、今後の指導のために行われます。そのため、過度に恐れる必要はありません。税務調査に入るのは、誤りを把握されていたり、怪しいからといった限りではないのです。

2 税務調査は誰が行う？

強制捜査は国税査察官が行いますが、税務調査は税務署の調査官が担当となります。強制捜査は裁判所の令状を持って強制的に捜査されますが、税務調査はあくまで任意調査の扱いであり、令状による強制捜査とは違います。税務調査の担当となる調査官は、原則として管轄の税務署の職員です。まれに管轄以外の調査官が広域で担当する税務調査もあります。

個人事業者の税務調査の担当者は１人のケースが多いですが、効率的に調査を進めるために２人で対応する場合もあります。２人で対応したとしても担当者は原則として１人です。基本的には管轄の税務署の職員が調査を行いますが、ケースによっては国税局の職員が担当することもあります。

個人事業者の税務調査では、個人課税部門の職員が担当となります。税務署により異なりますが、個人課税部門は１部門から順番にいくつか部門があります。１部門は事務等をする部門ですので調査を行うことはありません。ただ、調査が長引いたり、納税者と揉めたりしているような場合には、１部門の統括とやり取りすることになる場合もあります。実際の税務調査の手続きは、２部門以降の職員が対応することとなります。税務署により部門の数は異なり、３部門までのところもあれば６部門まであるところもあります。

また、比較的規模が大きな案件を担当する特別国税調査官や、インターネットビジネス等を担当する情報技術専門官といった特殊な役職の調査官もいます。

どの役職の調査官であっても基本的な調査の方法は同じです。

3 個人事業者の税務調査では何をする?

具体的には、売上げや経費の計算について帳簿や請求書、領収書などの資料をチェックされます。先述したように、査察とは違いますので勝手に引き出しを開けたり書類を押収されたりするようなことはありません。

調査官が1人で勝手に捜査するのではなく、調査官から求められた資料を納税者が提示していく形で進められます。

帳簿や資料を確認して適正な納税がされているかの確認が目的であり、追加の税額を徴収することが目的ではありません。そのため、調査した結果、何も問題がないこともあります。

税務調査があると何かしら修正すべき事項が発生すると思われがちですが、必ずしもそうではないのです。不正をしていない場合は過度に恐れる必要はありません。

また、個人事業者の税務調査では、適正な申告納税がなされているかの確認だけにとどまらず、調査の一環として納税者の仕事内容や経歴などの聞き取りも行われます。税務調査が始まっていきなり資料の確認をされるのではなく、まずは事業内容の聞き取りから行われるのが一般的です。

4　個人事業者が調査を受けやすい税目は？

個人事業者が税務調査で調査される税金は、一般的に、

・所得税
・消費税

となります。

付随して、源泉所得税や印紙税など他の税目も調査対象となることがありますが、個人事業者の場合は申告所得税と消費税をメインに調査されます。所得金額の算定に誤りがあれば、所得税や消費税のほかに住民税や事業税などにも影響してきます。

そのため、税務調査で準備すべき資料も所得税と消費税のものとなります。もし、税務調査により誤りが発見された場合には、加算税も課せられます。ケースにより、過少申告加算税、無申告加算税、重加算税が課せられ、さらに延滞税が発生することもあります。

通常は、申告所得税と消費税の調査は一緒に行われます。しかし、最近では消費税のみの調査を行われることも増えてきました。消費税の申告書を提出していなくても消費税について調査されることもあります。消費税の免税事業者であっても、本当に納税義務がないのかの確認をされるのです。

近年、消費税の納税義務を免れるために、あえて売上金額を９００万円くらいで提出するケースが増えており、税務署側もそのような者に対する調査を強化しているようです。

5 個人事業者が税務調査を受ける頻度は？

税務調査は開業してすぐに入られることはありません。

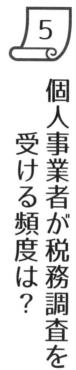

よっぽど申告書の数字がおかしいときには来る可能性もありますが、通常は開業してすぐに調査に入られることはまずないでしょう。大抵は早くても開業後3年程度経ってからです。

どれくらいの頻度で来るのかは、経験上の個人的な見解になりますが、実務上の感覚ですと、開業して10年程度経ってから税務調査に入られるケースが多いように感じます。しかし、開業から3年で税務調査が入ったケースもあれば30年以上経って初めて入ったこともあります。

もちろん、申告内容や業種内容により税務調査が入りやすい状態になることもありますので、いつ税務調査が入るかは何とも言えないのが正直なところではあります。

なお、税務調査が入りやすい状態としては、

・売上げが急増している
・所得が少なすぎる
・売上金額が900万円の申告が続いている
・無申告
・65万円の青色申告特別控除を受けているが税理士が関与していない
・副業を赤字申告している

といったものがあります。

最近の傾向としては、先述したように、消費税の関係で売上金額が900万円程度の申告が続いていると税務調査が入ることが多いです。実際に、調査官から「900万円程度

の売上金額が続いているから伺いました」と言われたこともあります。そして、無申告者に対する調査も増えています。20年間無申告で初めて調査に入ったケースもありました。

また、個人事業者の場合は、所得と生活費が密接に関係していることから、生活費が経費に含まれてしまい所得金額が少なすぎると思われる場合にも税務調査に入られやすいです。

しかし、単純に開業から3年が経過したことや、売上金額が増えたからといって税務調査が入るとは言えません。税務調査はすべての事業者に来るものだと考えておくべきです。

一度税務調査が来ると、また税務調査に入られやすくなると言われることもありますが、決してそのようなことはありません。確かに、最初の税務調査の3年後に再度税務調査が入ったこともありますが、10年以上入っていないケースの方が多いです。不正等があった場合には、早期に次の税務調査が入ることもあります。

6 過去何年分の調査をされる？

税務調査の開始時には、まず事前通知があります。事前通知の詳細については後述しますが、その事前通知の際に税務調査の対象期間を伝えられることとなります。一般的に、事前通知の際に伝えられる期間は3年間です。

ただし、絶対に3年間というわけではありません。事前通知の際に伝えられますが、非違事項があると認められる場合には期間が伸びることもあります。また、事前通知の際に、どの税目（所得税や消費税）を調査するのかも伝えられますが、税目についても、調査の経過によっては、通知された税目以外も調査対象となることもあります。

現状、税金の時効は5年間となっていますので、稀に事前通知の段階で最初から5年間の調査と伝えられることもあります。特に、無申告の状態で税務調査に入る場合は最初から5年間の調査となることが多いです。

5年間の調査をした結果、脱税行為などがあると認められる場合は、調査期間が7年間となります。

まとめると、税務調査の対象期間は短くて3年間分、最長で7年間分となります。7年以上の期間について税務調査をされることはありません。実際に20年間無申告の状態で税務調査に入られたことがありますが、そのときも5年間の調査で終わりました。無申告であっても20年間遡って調査されることはありません。

ただし、消費税関係で基準期間における課税売上高を確認するために、最長で9年前の売上げを確認されることがあります。実際、本当に7年前が消費税の課税事業者であるかの確認のために、9年前まで売上げを確認されたことがあります。しかし、9年前まで確認されるのはあくまで売上げだけですので、9年前が調査の対象期間になるわけではありません。

調査期間が7年間になる場合は脱税等があった場合となりますので、重加算税も課せられます。調査期間が7年間となり、重加算税も課せられるとなるとかなりの負担が発生することが予想されます。

また、これは特殊な例ですが、売上金額が1、000万円を超えている所得税の確定申告書を提出していながら、消費税が無申告となっている場合に、消費税の申告が必要と思われる1年分のみ調査されたこともあります。

7 指導のみで終わることもある

税務調査は申告内容の確認をされますので、誤りがあれば修正が必要となります。必ず追徴税額が発生すると聞くこともあるかもしれませんが、決してそのようなことはありません。先述したように、税務調査が入っても何も誤りがなく追加の税金が発生しないこともあります。

昔は、お土産といって何かしらの修正事項が発生することもあったようですが、最近の税務調査ではそのようなことはありません。誤りがあっても、軽微なものであれば今後の申告で注意するように指摘される指導事項としてとどまることもあります。

修正申告するほどのものでない場合には、今後の申告で処理内容を修正するように指導されて終わるケースもあります。

税務調査の目的はあくまで適正な納税をしているかの確認ですので必ず追加の税金が発生するとは限りません。実際に何も指摘されずに終わったケースもあります。

あえて指摘されやすいお土産を用意した方がよいと言われることもありますが、そのようなことも決してありません。調査官にわざと修正すべき事項を指摘させることで早期に税務調査を終わらせようと考えての行為のようですが、必要ありません。税務調査の落としどころとして非違事項を認めることもありますが、何も誤りがないのにお土産を用意する必要はありません。

8

個人事業者の税務調査は何日間行う？

個人事業者の税務調査では、調査官が臨場するのは1日のケースが多いです。午前10時頃に自宅や事務所に来て午後4時頃に帰るのが一般的です。法人の調査ですと数日間続くこともありますが、個人の税務調査では数日行うことは稀です。

また、税務調査当日は、事業内容など納税者自身に確認すべき事項の聞き取りが終わったら、調査官が資料を預かっていくこともあります。細かい確認などを税務署内部で行うためです。

資料を預かっていく場合には、早ければ午前中で終わることもあります。預けるのを拒んだこともあったのですが、その際は調査官が数日間訪れて調査を進めました。何度も調査官が自宅に来るのを避けるために資料を預けてしまうのもひとつの方法です。

調査官に資料を預けた場合は、細かい資料の確認などは税務署で行い、後日不明点や確認事項をまとめた連絡が来て対応することとなります。通常は調査日から終了するまでに1か月から1か月半くらいかかります。早ければ1週間で終わることもありますし、長引くと半年くらいかかることもあります。

国税庁のホームページには次のように記載があります。

「帳簿書類等の提示・提出をお願いしたことに対し、正当な理由がないのに提示・提出を拒んだり、虚偽の記載をした帳簿書類等を提示・提出した場合には、罰則（1年以下の懲役又は50万円以下の罰金）が科されることがありますが、税務当局としては、罰則があることをもって強権的に権限を行使することは考えておらず、帳簿書類等の提示・提出をお願いする際には、提示・提出が必要とされる趣旨を説明し、納税者の方の理解と協力の下、その承諾を得て行うこととしています。」

なお、預けた資料は、調査が終われば返却してもらえます。返却時には預けた資料をちゃんと返却されたかを確認する必要があります。

9

反面調査とは？

何度も言うようですが、税務調査は、納税者の申告内容の確認をするものですので、その納税者自身の帳簿や資料を確認します。ただし、その納税者からの聞き取りや資料だけでは事実確認ができない場合には、取引相手先等に調査が入ることもあります。これが、いわゆる反面調査と呼ばれるものです。

すべての税務調査で反面調査があるわけではありませんので、起こる確率としては低いものですが、反面調査に入られると、今後の取引などに影響する可能性もありますのでできれば避けたいものです。反面調査の際にも、原則として事前に通知することとされています。

国税庁の事務運営指針にも次のように記載があります。

「取引先等に対する反面調査の実施に当たっては、その必要性と反面調査先への事前連絡の適否を十分検討する。反面調査の実施に当たっては、反面調査である旨を取引先等に明示した上で実施することに留意する。」

ただし、適正な調査ができないおそれがある場合には、事前の通知なしに反面調査をすることもできるとされていますので注意が必要です。

反面調査の方法はいくつかあります。

・税務署が直接相手先に行くケース
・相手先への書面での確認
・相手先への電話での確認

などです。

一番多いのは、税務署が直接相手先に行くケースです。税務署から取引先に連絡が届き、「〇〇さんの件でお話を伺いたい」と伝えられます。

実際の例としては、現金売上げで何も記録が残っていなかったときに反面調査を行われたことがあります。そのときは、相手先に調査が入り、取引金額をすべて調べられましたが、事前に相手先に税務署から連絡があるかもしれない旨を伝えていたこともあり、幸いその後の取引に影響はありませんでした。しかし、なるべく反面調査に入られないようにしたほうがよいのは間違いありません。

別のケースでは、たまたまひとつの取引先の売上げが漏れていたために、すべての取引先に反面調査が入ったことがあります。このケースでは、直接税務署が取引先に行ったのではなく、書面による反面調査であり、取引先に、「○○さんとの取引について回答してください」という書面が送付されました。そのため、すべての取引先からの回答を待つ必要があり、かなり長期間の調査となりました。

反面調査をされるのは、資料などの保存がなく事実関係が確認できない場合です。しっかりと必要資料を保存しておき、事実を確認できるようにしておけば、反面調査に入られる可能性を下げることができます。

第2章　税務調査における税理士の役割

個人事業者の税務調査では、次の理由から、できれば税理士が立ち会いをした方がよいと考えられます。

1 調査をスムーズに進めることができる

税務調査は1日では終わりません。調査官が臨場し、事業概況の聞き取りなどを行った後に資料を基に調査が進められます。資料の確認については当日では終わることがなく数日間に及ぶこともあります。

また、調査を進める中で、調査官からの質問や確認事項の連絡が来ることがあります。税務署は原則として平日の8時30分から17時までの間しか開庁していませんので、この時間内に調査官とやり取りしなければなりません。

また、事業者が日中は仕事のため、なかなか調査官と連絡ができず、それが原因で調査が長期間に及ぶこともありますが、税理士が関与していれば、調査官からの連絡はすべて税理士に任せることができます。

さらに、税理士から納税者に質問や確認事項を伝えることで、スムーズに調査を進めることが可能となり、税務調査の早期終了にもつながります。

2 適正な調査が行われているかの判断ができる

一般的に、税務調査は何度も経験するものではありません。そのため、税務調査が適正に行われているかの判断は難しいものとなります。特に税務の専門家でない納税者が、自身で税務署の対応や判断が正しいのかの判断をすることは相当に困難です。

実際に、本来は重加算税が課せられるような案件ではないのに、重加算税を課せられてしまっていたケースもありました。

納税者からすれば、税務署は怖いというイメージを持っていることが多く、そのために税務署から言われたことにそのまま従い、不利な扱いを受けていることがあります。税務調査において、税理士が適正な調査が行われているかの判断ができることは、非常に大きな役割といえます。

また、経費を否認された際など、しっかりと経費性を主張することで認められることもあります。もちろん経費ではないものまで主張することはできませんが、税務署の判断が誤っていると思われる場合にはしっかりと主張することが大切であり、税理士が関与していれば、適正かどうかの判断をすることが可能です。

3 納税者の負担を減らすことができる

さらに、税理士が手続きをすることで、納税者の手間を減らすことが可能となります。

手続き上の負担だけでなく、精神的な負担を和らげることができるのも税理士の役割のひとつです。

実際に税務調査の立ち会いをした後に依頼者から言われることが多いのが、「一緒にいてくれて心強かった」ということです。税務調査は通常は初めて体験することが多いものです。税理士として納税者の不安を和らげることができます。

何度も書いていますように税務調査は適正な課税が原則です。納税者が主張する経費をすべて認めてもらうことができないこともありますが、納税者に寄り添うことを忘れてはなりません。税務署が理不尽な対応をしてきた場合には納税者を守ることも必要です。

このように、税負担を減らすことだけでなく、精神的な支えになることも税理士の役割です。

4 今後の適正な申告を指導できる

税務調査に税理士が立ち会いをすると税務署側から言われるのが、「税理士が関与したことで今後は適正な申告をしてもらえると思いますので」ということです。

税務調査の目的のひとつに、今後に適正な申告をしてもらうための指導があります。税理士が関与することで、適正な申告をし続けてもらえるだろうと判断されます。実際に「今後は適正な申告をしてもらえるでしょうから」と言われて、調査が早期に終了したケースもありました。

税理士が関与しているからといって、絶対に適正な申告ができるとは言い切れませんが、税務署側の信頼の度合いが上がるのは間違いありません。

事業を続けていれば、数年後にまた税務調査があるかもしれません。そのときには、指摘事項で挙がった項目や問題となった項目について、特に重点的に対応することができます。

第3章　個人事業者の税務調査の基本的な流れ

1 まずは事前通知がある

税務調査はまず事前通知があります。

税務署の調査官は、原則として、納税者に対し調査の開始日時・開始場所・調査対象税目・調査対象期間などを事前通知することとされています。その際、税務代理権限証書を提出している税理士に対しても同様に通知されます。平成23年12月の国税通則法の改正では、調査の事前通知については、納税者の方と税務代理人の双方に対して通知することとされていましたが、平成26年の改正により、平成26年7月1日以後に行う事前通知については、税務代理権限証書に、納税者の方の同意が記載されている場合には、税務代理人に対して通知すればよいこととされました。

調査の何日前までに通知があるかは、明確な規定がないためケースにより異なりますが、納税者が調査の準備をする期間は取ってもらうことができます。

事前通知の際に、調査日についての調整も行うこととなります。連絡があったその場で日程を決める必要はありません。予定を確認したうえで、折り返し連絡をすれば問題ありません。税理士に依頼している場合は、税理士とも都合を合わせる必要があります。

事前通知があってからいつまでに調査を受けなければならないかの規定はありませんので、仕事を優先しても問題ありません。ただ事前通知があってからあまりにも期間が空いてしまうと、銀行調査や反面調査などを開始されるおそれもありますのでなるべく早めに日程調整をしたほうがよいです。

そして、事前通知の際に必ず確認すべき事項は、調査期間・調査対象税目・担当者です。調査期間は資料の準備の関係や税務署側の調査に対する姿勢を確認するためにも必要です。先述したように、税金の時効は原則として5年間なので、調査期間もそれに合わせて5年間になることもありますが、実務上は3年間を指定されることが多いです。事前通知の段階では3年間と伝えられ、実際の調査によって大きな誤り等が発見されると5年間、場合によっては7年間になることもあります。

事前通知の段階で最初から調査期間を5年間と指定してくるということは、申告内容について何かしら誤りがあると判断している可能性が高いです。無申告となってしまっている場合には通常は最初から5年間と伝えられます。

また、調査対象の税目についても確認が必要です。所得税と消費税の申告書を提出していれば、通常は両方とも調査対象となります。所得税のみしか提出していないのに消費税が調査対象税目となっている場合は、消費税の申告が無申告となっている可能性もあります。消費税の申告をしていないのに調査対象税目となっている場合には注意が必要です。その際、通常は「消費税の申告義務の確認」と伝えられます。申告義務の確認をするということは、申告する必要があるのに無申告となってしまっていることが想定されます。

通常は所得税と消費税を伝えられることとなりますので確認するようにしましょう。

さらに、税務署の担当者も確認しておく必要があります。これは、税務調査の最中には何度か税務署と連絡を取り合うことがあるためで、担当者以外の職員では話が通じないことがあります。伝言等をお願いすることはできますが、原則として担当者と話をすることとなりますので部署や名前は必ず確認しておくべきです。

調査官は、上司である統括官の指示で動いているので、担当者によって大きな違いが出ることはそれほどありません。ただ、若い職員かベテランか、役職があるかなどによって違いはありますので、担当者が誰なのかはしっかりと確認しておく必要があります。

実際にあったケースで、担当者名を聞き忘れてしまい、後日税務署に連絡して確認したところ、連絡をした職員はいないと言われたことがあります。税務署側から税務署を装った詐欺の可能性があるので注意してほしい旨を伝えられたのですが、再度税務署から連絡があり、当初に連絡をした職員が長期研修で不在となっていたため担当者がわからなくなっていたとのことでした。

突然税務署から連絡が来ると慌ててしまってもおかしくはありません。しかし、余計な手間が生じる可能性もありますので、担当者はしっかりと確認しておきましょう。

また、通常は事前通知がありますが、事前通知がなく税務調査が開始となるケースもあります。事前通知をすると適正な調査を行うことができないと判断された場合には、事前通知をすることなく調査ができることとされています。

事前通知なく税務署の調査官が来た場合は、その場で調査を開始するのではなく、税理士に相談する旨を伝えてもらうように指導しておきましょう。税務調査は受忍義務がありますが、いつ受けるのかは調整できます。税務署側に協力する必要はありますが、なんでもかんでも税務署の都合に合わせる必要はありません。

2 事前通知から調査当日までにするべきこと

(1) 資料の準備

事前通知があったらまずは必要書類を用意します。通常は事前通知があってから実際の調査日までには日にちが空きます。数日から2、3週間空くこともありますのでその間に必要な書類を用意しておきます。

税務調査で通常必要になる書類は以下のとおりです。

・総勘定元帳（簡易帳簿）
・通帳（生活用口座も必要）
・過去の申告書控え
・領収書、請求書（売上げと経費）
・契約書など
・給与関係資料
・消費税の計算明細
・クレジットカードの利用明細

これらは用意しておく必要があります。

請求書や領収書は年ごとに整理しておきましょう。ノートなどにキッチリ貼りつける必要はありませんが、求められた際にすぐに提示できるようにはしておかなければなりません。確定申告書の控えについては、調査官がコピーして持参しますので、用意できなかったとしても税務調査においては問題ありません。

用意する年分は事前通知で伝えられた年数で問題ありません。ただ、調査年分が増えた場合に、また改めて用意しなければならないので、通帳やクレジットカードの明細など、紛失している資料がある場合にはなるべく再発行の依頼をしておきます。後述しますが、資料の有無により調査終了までの期間や追加の税額に大きな影響があります。紛失している資料がないかどうか必ず確認しておきましょう。

(2) 申告内容の確認をする

資料の準備のほかに必ず行っておくべきことは、申告内容の確認です。

確定申告書を提出する段階で、間違いがないかどうかの確認はしているでしょうが、税務調査の前にもう一度申告内容を確認しておいた方がよいです。時間が経ってから確認することで間違いに気づくこともあります。後述しますが、事前に間違いが発覚した場合は修正申告書の提出も検討すべきです。

3 調査当日の流れ

調査当日は、調査官はほぼ約束の時間通りに来ることが多いです。早く着いてしまったから早く来るようなことはほとんどありません。

調査官が来たらまずは身分証明書を確認します。こちらから言わなくても、調査官から身分証明書を提示してくれますので、税務署の職員であるかは確認するようにしましょう。

名刺を差し出されることもありますが、こちらは名刺を渡す必要はありません。税理士は税理士証憑を提示する必要がありますが、納税者自身は身分証明書を提示する必要はありません。

通常は最初に事業内容の確認があります。どのような業務内容か、取引先の情報、仕事の受注・請求・入金の流れ、現在までの経歴、家族状況、申告書の作成方法などの聞き取りが行われます。

その後に申告内容の確認が行われ、通帳、請求書、領収書などの確認が始まります。正確な売上金額を計算するために、通帳のみで確認できるのか、請求書や支払明細書の確認も必要であるのかなど、どうすれば正確な金額を把握できるのかを探りながら調査が進められます。経費についても同様です。

基本的には午後4時頃まで調査は行われますが、事業概況などの聞き取りができた段階で、資料を預かり早めに帰ることもあります。資料の内容を確認したうえで、細かいチェック作業は税務署内部で行い、後日に不明点や確認事項の連絡が来ることになります。資料を預かるかどうかはケースバイケースです。コピー機を持参してきて、その場でコピーを取ることもありますし、デジカメで写真を撮っていくこともあります。実際に午前10時頃に来て12時に帰ったことが何度もあります。

個人事業者の税務調査は事業者の自宅で行われることが多いです。調査当日はリビングや仕事部屋などで座って話ができるスペースがあれば問題ありません。その場合は、できる限り資料を1か所に用意しておくべきです。調査に必要のない部屋を見られることはありませんが、資料の保管場所などは確認されます。通帳の保管場所を確認されたこともありますので事前に用意しておきましょう。

どうしても自宅で調査を受けることが難しい場合は、税務署に相談することで税務署の会議室で調査を行うこともできます。自宅で調査を受けることが難しいようであれば相談してみるのもよいでしょう。

税務調査は調査当日に結果が出るわけではありません。調査当日は事業概況の聞き取りと資料の確認が中心となりますので、修正事項の指摘などをされることはありません。調査の流れの中で修正が必要な旨が話に出ることはありますが、正式に修正が必要であるかは後日に伝えられます。

4 調査日以後の対応

調査当日に、調査官から依頼された事項があれば対応する必要があります。調査当日に不足していた資料の準備、不明点や確認事項についての回答を依頼された場合は、後日、対応が整った段階で調査官に連絡することになります。

また、調査当日には何も依頼がなくても、後日依頼されることもあります。調査日以後については税務署から依頼された内容について対応すれば問題ありません。

なお、税務代理権限証書を提出していれば、税務署からの連絡はすべて税理士宛になされます。不明点の回答や不足資料の提示も税理士のみで行うことができますが、稀にもう一度納税者本人と会って話を聞かせてほしいと言われることもあります。納税者の負担をなるべく減らすためにも、税理士のみで対応したい旨を伝えておくことも必要です。

5 調査終了の手続き

税務署の調査が終了すると、調査結果の説明があります。調査結果の説明は税務調査によって修正すべき事項の有無にかかわらず行われます。原則は、納税者自身に対して行われるものですが、実務上は日本税理士会連合会が作成している「調査の終了の際の手続きに関する同意書」を提出することで、税理士が代理で調査結果の説明を受けることもできます。

同意書の提出をしなくても、税理士に委任する旨の納税者の意思確認ができれば、税理士だけで調査結果の説明を受けることができるケースもあります。

何も修正することがない場合には、その旨を電話等で伝えられた後に、税務署より修正すべき事項がない旨の通知書が届き、そのまま税務調査は終了となります。修正事項がある場合には、一般的には修正申告書を提出することとなり、修正申告書を提出した段階で税務調査は終了となります。

修正申告書は納税者が誤りを認めて自ら提出するものとなりますので、税務署側の指摘に納得がいかない場合には提出しなくても問題ありません。納税者が修正申告書を提出しない場合には、税務署側で更正手続きをすることになります。

更正手続きは手間や時間がかかることから、調査官からなるべく修正申告書を提出するように勧奨があります。

ただ、修正申告書はあくまでも誤りを認めて提出するものとなりますので、修正した内容について後から不服申し立てができなくなる点に注意が必要です。修正申告書を提出したら、修正事項については後からやはり納得できないと感じても手遅れとなりますので、修正申告書の提出は慎重に行う必要があります。

調査結果の説明の際には、加算税の扱いについても説明があります。過少申告加算税や重加算税など、どのような扱いになるのかの説明も同時に行われます。加算税について納得がいかない場合には、不服申し立てをすることが可能です。

なお、修正申告書を提出していたとしても、加算税については不服申し立てが可能です。

税務調査の流れ

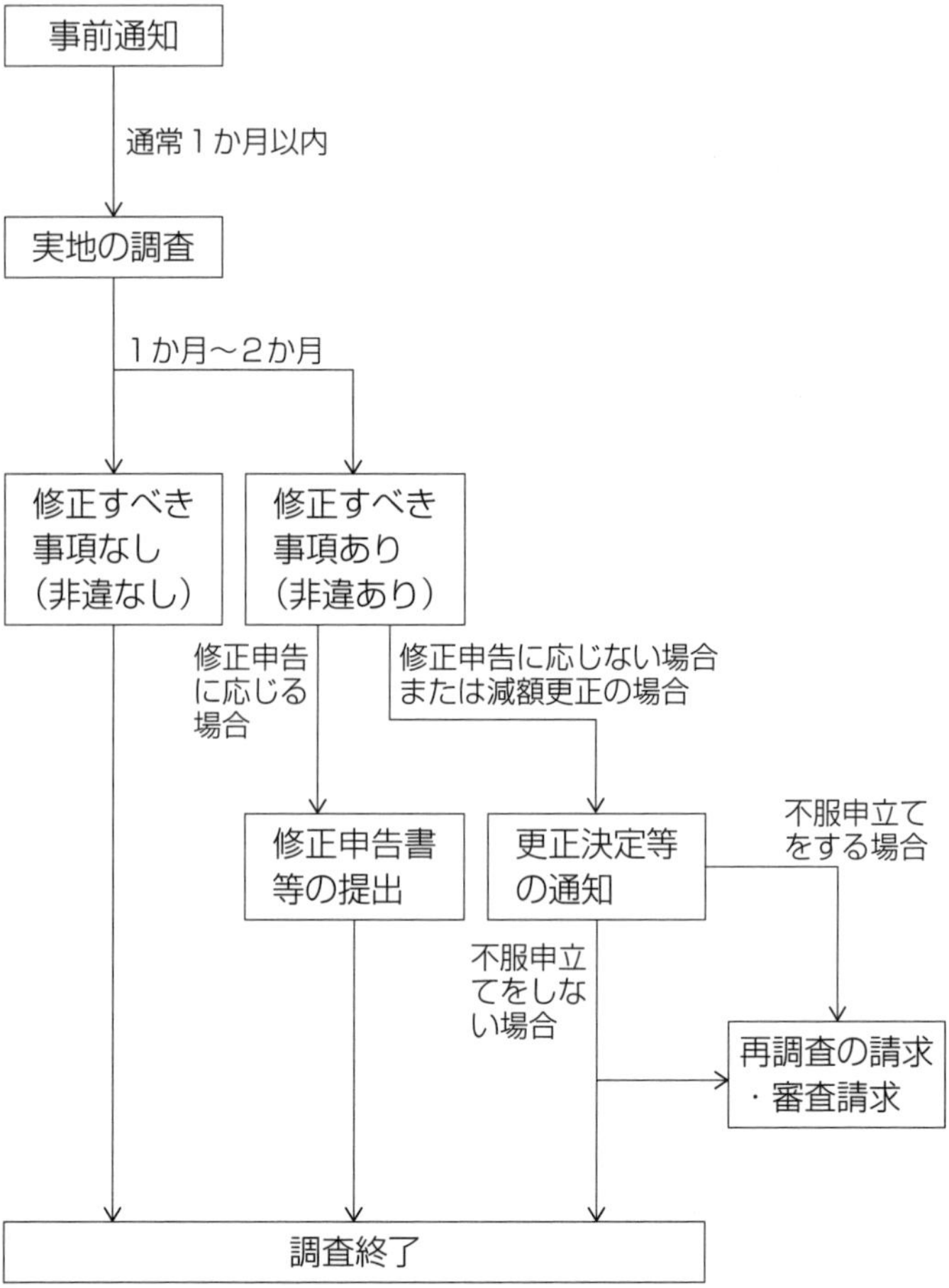

事前通知
通常１か月以内
実地の調査
１か月〜２か月
修正すべき事項なし（非違なし）
修正すべき事項あり（非違あり）
修正申告に応じる場合
修正申告に応じない場合または減額更正の場合
修正申告書等の提出
更正決定等の通知
不服申立てをする場合
不服申立てをしない場合
再調査の請求・審査請求
調査終了

第４章　税務調査による負担を少なくするためのポイント

本章では、前章に関連して、個人事業者の税務調査のそれぞれの場面におけるポイントを解説していきます。

1 事前通知があった場合のポイント

前章でも述べたとおり、税務署から税務調査の事前通知があってから実際の調査日までには数日の期間が空きますので、その間に調査の準備をします。

事前通知があったら必ず行うべきことは、

・日程調整
・必要資料の準備
・申告内容の見直し

・税理士に相談

です。これらをするかしないかで調査の結果が大きく変わってきます。しっかりと対応しなるべく負担が少なくなるようにしましょう。

(1) 日程調整

税務調査の事前通知があった場合には、調査日の調整が必要となります。

事前通知なく調査が開始されることもありますが、基本的には事前通知の後に日程調整をすることとなります。

事前通知があってから1、2週間後に調査日を設定するケースが多いですが、仕事などの都合を優先して問題ありませんので、多少遅くなってしまっても構いません。また、一度決めた日程を変更することも可能ですが、日程変更する理由を伝える必要があります。

後述する資料の準備等のために、事前通知から調査日までは一定期間空けておいた方がよいでしょう。

(2) 必要資料の準備

税務調査で準備するべき資料は前章の2で説明したとおり、一般的に、

- ・元帳（帳簿）
- ・通帳
- ・請求書
- ・領収書
- ・契約書

などです。売上げや経費がわかる資料については、可能な限り用意しておくようにします。

また、作成した帳簿は必ず用意しておきましょう。収支内訳書や青色決算書の数字をどのように計算したのかをハッキリとわかるようにしておく必要があります。

仮に帳簿を作成していない場合でも、売上げや経費をどのように集計したのかはわかるようにしておく必要があります。

領収書を合計したのであれば、どの領収書をどのように集計したのか説明できるようにしておきます。

通帳は、事業用だけでなく生活費として使用している口座も必要です。税務調査では、申告している所得以外にも課税対象となる所得がないかの確認もされますので、使用している口座はすべて用意しておく必要があります。もし、過去の通帳を紛失している場合には、銀行で明細を発行してもらうことが可能です。

こちらで通帳を用意していなくても、税務署側が調査で必要が生じた場合には銀行から明細を取り寄せることがあります。ただ、その場合には、こちらに明細を提示してくることはありません。つまり、税務署側が、「通帳に○○円の入金があり売上漏れとなっていた」と指摘してきた場合に、その明細を確認することができないのです。本当に○○円の入金があったかどうかを確認するためにはこちら側で銀行から明細を取り寄せる必要があります。税務調査を円滑に進めるためにも、銀行口座の明細は用意しておきましょう。

売上げと経費については、原始資料が必要となりますので請求書、領収書は整理して用意しておくようにします。

特にありがちなのは領収書を紛失しているケースです。

引越や大掃除の際に誤って廃棄してしまうことが多いのですが、税務署はこのような事情は考慮してくれません。原始資料がない場合には、経費の証明ができませんので経費を認められなくなることもあり、かなり不利となってしまいます。請求書やクレジットカードの利用明細など、経費が発生していたことを証明できる書面については、可能な限り再発行の手続きをしておくべきです。

クレジットカード明細の再発行については、会社により異なりますが相当な日数がかかることが多いので早めに手続きをしておきましょう。たとえ再発行が調査日に間に合わなかったとしても、再発行の手続きはしておくのがよいです。

(3) 申告内容の見直し

必要資料の準備をしたら、申告内容の見直しをします。もし、大きな誤りがあった場合には、事前に修正申告書を提出することも検討すべきです。理由は2つあり、調査を早期に終了させるためと、重加算税や調査期間に影響するためです。

税務調査では、調査官が売上げや経費が正しいかを確認しますが、いちから確認しなければならないので相当な時間や労力がかかります。そこで、納税者自身が事前に申告内容を見直して誤りがあった点を調査官に説明することで、調査官の負担を減らし調査の早期終了につなげることができます。

また、調査官から指摘をされる前に自ら誤りに気付いて修正申告書を提出した場合は加算税の取扱いが異なります。調査官から指摘された場合には過少申告加算税として10％となりますが、事前通知後に自ら修正申告書を提出した場合は過少申告加算税は5％となります。もし、重加算税となるような大きな誤りがあった場合に自ら修正申告書を提出すれば、税務署から誤りを指摘されたわけではないので調査期間が7年間とならずに5年間となることもあります。

調査前に見直しをして、自ら誤りに気付くかどうかで調査結果が大きく変わってくることもあるのです。

2 調査当日の対応におけるポイント

税務調査の当日は、事業概況の聞き取り・事実確認・保存されている資料の確認などがメインとなります。調査当日に「経費になる・ならない」といった交渉などを行うことはめったにありません。

また、税理士が立ち会っていたとしても、納税者自身が話をすることが多くなります。基本的には調査官からの質問に回答すればよいだけですので、こちらから進んで話をする必要はありません。

個人事業者の税務調査は自宅で行われることが多いです。自宅の場合は事業に関係のない部屋等については確認されることはありませんが、通帳や事業関係資料の保管状況の確認をされることがあります。

寝室に通帳や事業関係資料の保存があると、寝室に入らざるをえないこともありますので、事前に必要と思われる資料についてはリビングなどに用意しておいたほうがよいでしょう。

通帳などを先に用意しておけば寝室などに入られる可能性は低くなりますが、もし、事業に関係ない部屋にまで入られそうになった場合には、しっかりと断ることも大切です。

自宅を事務所として使用している場合には、どこをどの程度使用しているのかしっかりと説明しておきましょう。調査当日に経費割合について決定されることはありませんが、後日に指摘項目として挙げられることがあります。自宅を事業として使用している割合については、調査官が臨場した日にしっかりと説明して確認しておきましょう。

どうしても自宅での調査が難しい場合は、税務署にて調査を受けることも可能です。その場合には、自宅で調査を受けることが難しい理由を説明する必要があります。実際にあったケースでは子供に障がいがあり介護が必要な状態で、自宅でのスペース確保が困難であったことから、自宅ではなく税務署にて調査を受けたことがあります。

また、ちょうど引越準備をしている最中で、部屋中に段ボールがあり、落ち着いて話ができない状態のときも税務署での調査が認められました。

自宅で調査を受けることが難しい場合には、調査官にその旨を伝え相談してみることも必要です。

調査当日には、調査官は遅くとも午後5時前には帰ります。調査の時間が限られていることから、個人事業者の税務調査では資料を預かっていくことも多いです。

資料を預ける際には、預かり証の交付を受けることとなります。預かり証は税務署側が作成します。預かり証には、預ける物について1件ごとに詳細な内容を記載されます。しかし、資料を預ける際に問題となるのは税務署による紛失です。紛失を防ぐためには、資料の返却を受ける際に、どの資料をどれだけ預けたのかがわかるように記載してもらうようにすれば問題ありません。

税務署側は預かった資料の紛失を防ぐためにも預かる資料について詳細な内容を記載します。実際に、売上げの日報について「３３５枚」といった形で、１枚ずつ数えて枚数まで記載していたことがあります。封筒や紐で閉じて２０１８年分と記載していたこともあります。

銀行通帳も預かっていくこともありますが、現在使用中の通帳については預かることはありません。調査官が通帳の内容をメモするか、デジカメで撮影するなどしていきます。預かり証の交付を受けるのは納税者本人でなくても構いません。配偶者や税理士が交付を受けることも可能です。預かり証は資料の返却を受ける際に必要となりますので保管しておく必要があります。

また、自宅での調査で気を付けたいのはパソコンです。最近では、請求書の作成や取引先とのやり取りでパソコンを使用することが多いため、税務調査でもパソコンのデータは確認されることが多いです。

調査官が勝手にパソコンを触ることはありません。調査官は後ろに立って指示するだけであり、実際にパソコンを操作するのは納税者です。

パソコンは仕事以外の用途でも使用することが多く、見られたくないと思う人が多いでしょうが、あくまで仕事に関係するものだけしか見られません。パソコンを見せたくない場合には、必要なデータはすべてプリントアウトしておきましょう。仕事に関するものはすべてプリントアウトしてある旨を伝えたうえで、不足があればパソコンの画面にて表示することも可能ですと伝えることもできます。

とはいえ、税務調査を円滑に進めるためには、可能な限り調査官の要望には応えるようにしましょう。パソコンを確認されてもあくまで仕事に関連するものだけしか確認されません。

調査官がパソコンを確認したい理由としては、確定申告書の作成の基になったデータを確認したいからです。調査官の要望に応えた方が調査はスムーズに進められます。

税務調査の最中には、調査官が色々と質問をしてきます。その質問に対してこちら側が回答する形で進められます。ここで気を付けなければならないことは、嘘を絶対に言わないことです。

税務調査では、数年前のことについて尋ねられることが多いので忘れてしまっていることもあります。調査官の質問には即答できなくても問題ありません。忘れてしまっていたり、ハッキリと事実がわからない場合には、調べて後日に回答する旨を伝えれば問題ありません。

しかし逆に、質問に対する回答を話しすぎてしまうことにも注意しましょう。税務調査では聞かれたことだけ回答すればよいですが、緊張しているために口数が多くなり余計な話までしてしまうこともあります。

調査官は限られた時間で調査をしなければならないので、納税者の言動は注意深く観察しています。書類をサッと隠した行動や何気ない一言も観察されていることが多いので、余計なことは話さないように気を付けましょう。

また、税務調査では、事業主の事業内容と申告書の作成内容が確認されます。個人事業者の場合は、確定申告書を配偶者が作成しているケースも多いです。事業内容の聞き取りが終われば確定申告書の作成状況の確認に移りますので、確定申告書を作成した人が調査の対応をするのであれば、事業者本人は仕事に戻って構いません。

3

調査日以後の対応におけるポイント

税務調査は、調査官が臨場したその日に終わるわけではありません。臨場してから終了までおおむね1か月から1か月半くらいかかるのが普通です。

調査当日に聞き取りした内容や、確認した資料などを税務署内部で精査し、不足資料の提示を求められることもあります。調査当日に確認不足だった事項について質問されることもあります。

不足資料の提示や質問への回答を続けていき、税務署側が十分な調査ができた段階で、指摘事項を伝えられることとなります。

そして、このやり取りで、売上漏れや経費性の有無など、指摘事項となるべきものについて指摘されることとなります。

税務署側から何も指摘事項がなければ、税務調査はそのまま終了です。税務署から、更正決定等をすべきと認められない旨の通知書を受け取り調査終了となります。

指摘事項がある場合は、指摘された事項について本当に修正すべきか否かを納税者側で検討することとなります。

４ 税務署の指摘事項に対する対応

税務調査では、何ら問題がない場合を除き、指導としての事項と修正すべき事項について指摘されることとなります。

軽微な誤りなどで、修正が必要とまでは考えられないような事項については、指導項目とされます。税務調査の目的のひとつとして、今後適正な申告をしてもらうための指導がありますので、そのような場合に指摘されることがあります。例えば、飲食代の領収書などについて、相手先等の記載がない場合には今後はしっかり記載するように指摘されるといった感じです。

明らかな間違いなどは、指導ではなく修正すべき事項として指摘されます。税法の適用誤りや、売上げの計上漏れなど間違いは修正が必要となりますので指摘されます。

指摘される事項は、明らかな間違いだけではなく、解釈の違いによるものなども含まれます。例えば自宅の家賃についての事業割合などがあります。

明らかに修正が必要な事項ではなく、解釈の違いによるものについては、納得できない場合には税務署側にこちら側の主張をすることができます。自宅家賃の事業割合について減らされた場合に、当初の申告でどういった理由で割合を決めたのか等を主張することが可能です。その主張により、税務署側が納得すれば認められることもあります。

また、税務署側から指摘された事項について納税者が納得した場合は、修正申告書を提出するように勧奨されます。修正申告については納税者が納得したうえで自主的に提出するものですので、提出後に不服申し立てをすることはできません。そのため修正申告書を提出する場合には慎重な判断が必要となります。

もし、税務署側の指摘事項について納得できない場合は、修正申告書を提出する必要はありません。その場合には、税務署側で更正処分がされることとなります。更正処分は税務署側が税額を決定する手続きであるため、内容に納得できない場合は不服申し立てをすることができます。

具体的な手続きとしては、処分の通知を受けた日の翌日から3か月以内に、①税務署長等に対して再調査の請求、もしくは、②国税不服審判所長に対する審査請求があります。再調査の請求は、すでに実地の調査が行われた期間について、新たに得られた情報に照らして非違があると認められるときに改めて行われる税務調査（新たに得られた情報に基づく再調査）とは異なり、簡易な手続により処分の見直しを行う事後救済手続きです。

審査請求は再調査の請求を経ずに直接行うこともできますし、再調査の請求を行った場合であっても、再調査の請求についての決定後の処分になお不服がある場合にも行うことができます。

再調査の請求や審査請求まで進むケースは稀です。そこまで行く前に調査官と交渉することで双方が納得できる着地点を探すこととなります。

5 突然連絡もなく調査官が来た場合の対応

税務調査は通常は事前通知があります。事前に税務調査に関する通知があってから、日程調整をしたうえで調査を行います。

ただ稀に、事前通知がなく突然税務署が自宅や事務所に来て税務調査が始まるケースもあります。原則は事前通知をすることとされていますが、事前通知なしであっても税務調査をすることができます。

事前通知をすることで適正な税務調査を行うことが困難になると予想される場合には、事前通知がなく突然調査官が訪ねてきて、その場で税務調査が開始されます。突然調査官が訪ねてきた場合は、納税者側は、税理士に立ち会いをしてもらう旨を伝えて、すぐに税理士に連絡をして指示を仰ぐようにします。もし、税理士と連絡が取れない場合には、調査官にその旨を伝え帰ってもらうようにします。それでも帰らない場合には税理士と連絡が取れるまで待ってもらうようにしましょう。

税理士側とすれば、クライアントに対して、「もし突然税務署の調査官が来たらすぐ連絡して欲しい」と伝えておきましょう。「実は先日、急に税務署が来て」と話をされるような事態は避けるようにすべきです。

無予告（事前通知のない）調査は実際に何件も行われています。突然自宅に訪ねて来て不在だったため何時間も自宅近くで待機していたケースもありました。たまたまインターホンが訪問者を録画するタイプだったので判明したのですが、午前10時頃から午後4時過ぎまで何十回も訪ねてきていました。納税者は恐怖を感じて、今まで税理士には依頼していなかったのですが、調査の対応だけを依頼されたことがあります。

突然税務署が訪ねてくることは十分にありえることです。税理士に対応を任せていることを伝えるようにして、その場で調査を開始されないようにするのもひとつの方法です。

6 反面調査をされないためのポイント

税務調査での心配事のひとつに、取引先に迷惑がかかることがあります。

もちろん追加の納税額がどれくらいになるのかも心配ではあるのですが、それと同じくらい心配なのが、取引先に迷惑がかかるのではないかということです。

税務署から取引先に連絡をされてしまうと、当然ながらいい気はしません。場合によっては「税務署から連絡があったということは何か怪しいことをしているのではないか」と思われて今後の取引に影響が出てしまう可能性があります。

税務署は守秘義務がありますので、どこに税務調査に入っているかを誰かに漏らすことはありません。「○○さんに税務調査に入っている」と他者に伝えてはいけないことになっているのです。

しかし、反面調査の場合はハッキリと「○○さんとの取引について確認させて欲しい」と伝えられてしまいますので、自分のことで取引先に連絡が入ってしまったことがわかってしまいます。

今後の取引に影響をさせないためにも反面調査には入られないようにした方がよいのです。そのためには、次のようなことが大切です。

⑴　資料を保存しておく

反面調査に入られる理由は、正確な取引実態が確認できないためです。保存されている資料で、確実に正確な取引内容が把握できるのであればわざわざ反面調査に入る必要はないのです。必要な資料がすべて保存されており、それらで取引の実態が確認できれば取引先に確認されることもありません。

特に反面調査に入られやすいのは売上げ関係です。こちらが売上げであれば相手先は経費になっているはずです。毎回振込みでの入金であれば、通帳を確認することである程度は把握できますが、現金売上げや売上げからの相殺があるなど、資料が残っていない場合は正確な金額を把握することが困難となります。

売上げから材料代が相殺されているような場合は、通帳の入金額だけを見ても売上金額はわかりません。相殺明細書のようなものがないと金額を確認できませんので、何も資料が残っていない場合には相手先に確認するしかないのです。

また、消費税の納税義務の判定に関わるような場合には特に慎重に調査されることとなります。相殺後の金額が1、000万円を超えていないことから、消費税の納税義務がないと勘違いしているケースも多いので注意が必要です。

現金で受領しているような場合にも、何も資料がない場合は「本当にその金額なのか」の確認ができませんので、相手先に反面調査に入られる可能性が高くなります。

(2)　特殊・突発的な取引については後日に説明できるようにメモを残しておく

たまたま、突発的にイレギュラーな取引があった場合には、後日に内容を説明できるようにメモしておくようにします。税務調査で質問されて回答できない場合には相手先に確認されてしまうことがあるからです。

税務調査があるのは数年後かもしれませんから、その際にしっかりと説明できるように記録を残しておくべきです。反面調査をされないためには記録を残しておくことは非常に重要です。

(3)　税務調査に協力する

反面調査をされるのは正確な取引実態が確認できない場合です。こちら側が税務署の調査に協力せず、必要な情報を提供しないような場合にも反面調査に入られてしまうことがあります。

実際にいつまでも税務署からの質問に回答せず、調査官が訪問してきても全く対応しないでいたところ、すべての取引先に反面調査をされたことがあります。

税務調査の早期終了のためにも税務調査にはできる限り協力すべきです。

(4) 正確な申告をする

実際に反面調査をされた事例として、売上げの計上漏れが多かったことがあります。売上金額の計上漏れが非常に多く、取引先も多数あったことから正確な金額の把握が難しいと判断され、すべての取引先に反面調査をされたことがあります。

この納税者は確定申告書を作成する際に帳簿等をつけておらず、申告書の作成時に手元に残っていた資料のみを集計して売上金額を計算していたため計上漏れが多かったのです。

もちろん、1円も間違えず正確な確定申告書を作成することは困難です。

ただ、それでも可能な限りは正確な申告書を作成するようにしなければなりません。軽微な集計間違いや計算間違いは誰にでもあることですが、あまりにも間違いが多い場合には申告書の信憑性を疑われてしまいます。

また、正確な申告をすることで反面調査を予防することにもなります。

7　調査官とトラブルになった場合の対応

税務調査においては、調査官とトラブルになることも少なくありません。調査官は、どうしても何事にも疑いの目で見てきますので、納税者側が気を悪くしてトラブルになってしまうこともあります。

最近の税務調査では高圧的な態度を取る調査官はあまりいません。納税者側がしっかりと対応していれば、調査官も常識的な対応をしてくれるものです。しかし、稀に対応が悪い調査官がいるのは事実です。

　実際にあったケースとしては、自宅での調査をしたいと告げられ、妻が精神的な病があり難しい旨を告げたところ、「嘘じゃないのか、医者の診断書を持ってこい！」と怒鳴られたことがあります。また別のケースでは、仕事中で都合が悪いと伝えているにもかかわらず、半日で50回以上も携帯電話に電話してきたケースもありました。納税者もさすがに常識的な対応とは思えず、対応を改めて欲しいと考えていました。

　そのような調査官に対しては、まずは調査官本人に行動を改めるように伝えます。大抵は一度注意することで改まることが多いです。ただ、注意しても対応が変わらないようであれば、上司である統括官に直接苦情を伝えた方がよいでしょう。調査官も上司である統括官からの指示であれば従うはずです。

　ちなみに、平成13年7月から、納税者支援調整官が各国税局に配置されており、納税者の権利、利益に影響を及ぼす処分に係る苦情等の対応をしています。ただ、実務的には納税者支援調整官は税務調査の苦情等については適切な効果はあまりないようです。一定の効果はあるでしょうが、直接的な上司である統括官に苦情を伝えた方が効果的です。

第5章　個人事業者が指摘されやすいケースと対応

個人事業者の税務調査において、調査の対象となりやすい・指摘されやすいのは以下のようなものです。

1 個人事業者の税務調査で指摘されやすい勘定科目

(1) 売上げ

売上金額はどの業種であっても必ず詳細に調べられます。先述したような相殺の有無、現金売上げの有無も調査されます。特に多い間違いが期ズレで、単純に入金時に売上げがあったとして計算しているケースが非常に多いです。しかし、期ズレは単純な間違いであるため、それだけで重加算税となることはありません。

(2) 交際費

交際費も必ずチェックされる項目です。個人事業者の場合は家族との飲食代を経費としてしまっていることがありますので、必要経費の中で、領収書を一番入念にチェックされます。

自宅近くの飲食店ばかりだと経費性を疑われることがありますので、飲食代については誰と食事したのかを記載しておく必要があります。記載がないことで否認をされたことはありませんが、記載がない場合は必ず指導されます。

(3) 福利厚生費

交際費と同じく、自分の飲食代を福利厚生としているケースが多いです。個人事業者の場合は自分自身の飲食代は経費とすることができません。福利厚生費がある場合には必ず内容を確認されます。

(4) 外注費

外注費は支払いの相手先の情報を必ずチェックされ、氏名・住所・生年月日・連絡先などを聞かれます。請求書や領収書があるなら、それらを提示すれば問題ありません。

建設業は現金払いが多く、領収書がないことも多いです。とにかく人手が足りればいいということで、名前や連絡先もわからないこともあります。名前や連絡先は必ず記録しておいたほうがよいです。

(5) 雑費

雑費は少額であれば問題ありませんが、他の科目と比べて高額である場合には必ず内容を確認されます。個人事業者の場合は、生活費を雑費として経費にしていることがありますので注意が必要です。

2 無申告のケース

個人事業者の税務調査で最も多いのは、無申告者に対する調査です。

近年、税務署は無申告者に対する調査にも力を入れており、毎年必ず一定数の調査が行われています。無申告者に対する調査で特徴的なのは、調査期間が最初から５年間であることです。一般的な調査であれば、通常は事前通知で伝えられる調査期間は３年間ですが、無申告の場合は最初から５年間となります。

法人であれば税理士が関与していることも多く、無申告となっていることはあまりありませんが、個人事業者の場合は税理士に依頼せず自身で税務手続きを行おうと考える人が多いように思います。自分で確定申告書を作成しようとするも、申告書の作成方法がわからず提出できなくなり、そのまま無申告の状態が何年も続いてしまうことが多いです。

何十年も無申告となってしまっているケースも少なくありません。そのため、無申告者に対する税務調査も多くなります。

(1) 申告書の提出が目的

無申告者に対する調査では、確定申告書を提出してもらうことを目的とした調査が行われます。当然ながら適正な課税も目的ではありますが、通常の税務調査と違って確定申告書の提出がなされていないことから、まずは申告書の提出をしてもらう必要があるのです。

無申告者に対する税務調査で実際にあったケースとしては、調査の前に確定申告書を提出したことで実地の調査が省略されたことがあります。事前通知があり、税務調査の日程も決めていました。

納税者は、原始資料の保存はしていたことからすぐに確定申告書を作成することが可能であったため、調査日の前に5年分の確定申告書を提出したのです。確定申告書を提出した数日後に調査官から連絡があり、事前に申告書の提出を確認することができ、内容も問題ないと思われるため実地の調査は行わないと伝えられました。

納税者自身に対する事業概況の聞き取りも不要とされ、申告書の基となった帳簿書類等の提示のみで調査が終了となりました。

とにかく確定申告書を提出してもらうことを目的としていることも多いので、売上規模が少なくても調査に入られることがあります。売上金額が200万円から300万円の個人事業者にも税務調査が入ったことがあります。それも、何年も無申告でずっと申告していない状態でした。

売上金額が200万円程度で、所得は150万円くらいであり、所得控除を差し引くと課税所得は100万円を下回るくらいの規模です。個人事業者としては規模が小さいと思われますが、それでも税務調査が入ったのです。

無申告者の場合は、事業規模はあまり関係ありません。規模が小さくても無申告であるために税務調査に入られることもあります。

(2) 資料の用意が重要

また、無申告者は、申告に必要な原始資料の保管がなされていないことが多いです。原始資料が無い場合はかなり不利となってしまいます。後述しますが、特に消費税については非常に厳しい対応をされることもあります。

そのため、無申告の場合の税務調査においてはいかに資料を準備できるかが非常に重要となります。

通帳やクレジットカードの明細など、再発行が可能なものはできるだけ手配するようにすべきです。仕事で車を使用している場合には、修繕費等について、修理工場から整備記録等取り寄せられるものについてはできるだけ用意します。

再発行が可能なものについてはすべて用意するようにしましょう。

(3) 一番の対策は申告をすること

無申告の場合はすぐにでも確定申告書を提出すべきです。税務調査の連絡が来る前に申告をすることが一番の対策となります。仮に、税務調査の事前通知があってからでも、調査官の臨場前に期限後申告書を提出することも検討したほうがよいです。

しかし、先述したように、資料が保存されていないことが多いため事前通知後から臨場前に申告書を提出するのは困難です。それでも、臨場前に提出することで早期に調査を終了できる可能性がありますので、なるべく提出しましょう。

もしくは、税務署の調査官に、税理士が関与して申告書の作成を進めていることを伝えてみるのもよいでしょう。

3 副業を赤字申告しているケース

近年では、副業を行うケースが増えてきました。

特に、インターネットを利用したネットビジネスにより収入を得ている人が非常に増えています。ブログの広告収入、アフィリエイト、せどり等さまざまな方法で収入を得るケースがあります。これらの収入を会社員が副業として得ている場合には、通常は雑所得としての申告となります。

しかし、副業による所得を雑所得ではなく事業所得として申告しているケースが多く見受けられます。事業所得であれば青色申告にすることもできますし、赤字となった場合には給与所得と損益通算することも可能です。中には、意図的に赤字にして給与所得と通算することで節税できると認識している人もいます。

副業による所得が事業所得か雑所得かの判断は、慎重に行う必要があります。副業を赤字にして節税できると考えている人が非常に多いのですが、そもそも副業が雑所得である場合は他の所得と損益通算することはできません。そのため、本来は事業所得とはいえないような内容であっても事業所得として申告しているのです。

税務署側も、このあたりの事情はよくわかっていますので、副業を赤字申告して他の所得と相殺しているような場合は税務調査に入られやすくなります。

(1) 事業所得と雑所得の区分

副業による所得が事業所得か雑所得となるかの区分について、はっきりとした基準はありません。それぞれのケースにおいて、実態に即して判断することとなります。

一般的には、

・反復継続しているか

・相当程度の時間をかけているか
・金額規模

などで判断することとなります。

事業所得の場合は、突発的な収入だけでなく継続性も大切となります。収入を得るための活動を継続して行っているのか、事業場を設けているのかが重要となります。

また、その収入を得るためにどの程度の時間・労力をかけているかも重要です。日中に会社員として働いている場合は、副業にかけられる時間は限られることとなりますから、どうしても時間は短くなります。

そして、金額についても判断基準のひとつとなります。客観的に少額であり、趣味的な収入であるような場合は事業所得とは認められません。明確な基準はありませんが、ある程度の収入が継続的に発生している状況でなければ、事業と認められるのは難しいでしょう。

(2) 開業届の提出は関係ない

開業届を提出すれば事業所得になると勘違いしているケースもあります。しかし、事業所得か雑所得かの判断はあくまで実態での判断となりますので、開業届を提出したからといって必ず事業所得となるわけではなく、青色申告承認申請書を提出しているか否かも関係ありません。

実際に開業届を提出し、青色申告で確定申告書を提出していましたが、税務調査で雑所得とされたケースもあります。

開業届を提出したからといって、必ずしも事業所得となるわけではありませんので注意が必要です。

4 売上げ900万円近くの申告が続いているケース

売上金額900万円近くでの申告が続いていると税務調査に入られやすいです。理由は消費税の納税義務の確認のためです。

売上金額が1、000万円を超えると消費税の納税義務が発生するため、それを免れるために意図的に売上金額を1、000万円未満にして申告するケースが非常に多くなっています。

個人事業者は、売上げが1、000万円を超えなければ税務調査に来ることはないと勘違いしている人もいます。実際はそんなことはありません。売上金額にかかわらず税務調査はあります。

というわけで売上げが900万円程度の方が税務調査に入られやすいのです。ちょっとした集計誤り、わずかな売上げ計上漏れがあればすぐ1,000万円を超えて消費税の納税義務が発生するからです。

実際、売上げ900万円が続いている者に対する調査はかなり多く行われているように感じます。意図的な過少申告はいけませんが、実際の売上げが900万円くらいなのであれば問題はありません。売上金額については期ズレの誤りが非常に多いので、特に注意が必要です。

5 所得・貯蓄・生活費との関連性が問われたケース

個人事業者特有の論点として、生活費との関連性があります。家事関連費については、税務調査でも必ず論点となるところです。自宅家賃、光熱費、通信費等は家事費との割合が問題となることが多いです。

また、それとは別に個人事業者の税務調査で確認されるのが生活費です。毎月の生活費がどれくらいかかっているのかは税務調査において確認されます。仮に月に40万円の生活費がかかっていると、年間で480万円になりますので、単純に480万円以上の所得があることになります。貯蓄が100万円増えているのであれば480万円と100万円で合計580万円以上は所得があるはずです。

あくまで目安ではありますが税務調査において生活費は必ず聞かれます。

この、所得・生活費・貯蓄の関連について整合性が取れない場合には、税務調査が長引くこととなります。逆に整合性が確認できれば早期に終了することもあります。

税務調査は適正な課税を目的としているため、税務調査によって逆に税金が少なくなることもあります。実際に、税務調査によって減額更正となったケースがあります。

水道工事業を営んでいた納税者は、今までずっと無申告でした。売上金額については取引先から送付されてくる支払通知書を保存していたのですが、経費については領収書等がほとんど残っていませんでした。税務調査の事前通知後に確定申告を行い、しっかり納税しなければならないと思い直し、調査官の臨場前に5年分の確定申告書を提出しました。

その際に、必要経費について残っていたわずかな領収書のみを集計して申告していたのです。すると、税務調査で事業概況等の聞き取りをされた際に、あまりにも経費が少なすぎることが判明しました。

何も領収書等が残っていなかったのですが、貯蓄や生活費等の関連から考えてあまりにも所得が多すぎたため聞き取りにより経費が認められる形となりました。その時は、同業者の比率等を事前に調べてきていたようで、その場で聞き取りした金額が同業者の比率と比べて逸脱していなかったため、そのまま認められました。

珍しいケースではありますが、税務調査の目的が適正な課税であることがわかる事例です。

6 何も資料が残っていないケース

何も資料が残っていない場合の税務調査も注意が必要です。

すべて端数がないきれいな数字（売上げ500万円、消耗品費40万円など）で申告している場合にも、税務調査に入られやすいといえます。このような場合には、何も資料が残っておらず、大まかな数字で申告しているケースが多いと思われるからです。

前節の事例のように、税務調査は適正な課税を目的としていることから、何も資料が残っていないからといってまったく必要経費が認められないということはありません。業種や事業規模から、適正と思われる金額については必要経費を認めてもらえることもあります。

ただし消費税についてはこの限りではありません。

消費税の仕入税額控除の要件として、

・帳簿の作成保存
・原始資料の保存

があります。

原始資料の保存が仕入税額控除の要件となっていますので、何も資料が残っていない場合には要件を満たすことができません。税務署側は仕入税額控除の要件として原始資料の保存は厳しく対応しています。

帳簿の作成保存がなくても、原始資料の保存があり仕入税額控除を認めてもらえるケースもありましたが、逆に、原始資料がない状態で仕入税額控除を認められたケースはほとんどありません。

つまり、所得税は必要経費が認められたのに、消費税は仕入税額控除が一切認められないこともあり得るのです。

何も資料が残っていない場合の税務調査で、最も負担が重くなる可能性があるのが消費税なのです。仕入税額控除が一切認められなければ、かなりの金額の税負担が発生することとなります。

(1) 再発行できるものは用意する

何も資料が残っていない場合の税務調査についての1番の対策は、再発行できるものはすべて再発行をしておくことです。

・銀行通帳
・クレジットカード明細

は必ず再発行するべきです。

特に、クレジットカード明細は再発行までに2、3週間かかることが多く、税務調査の事前通知があってから手続きしても調査日までに間に合わないことがあります。仮に調査日までに間に合わなかったとしても、後日提示すればよいだけですので、必ず再発行の手続きはしておくべきです。

その他に、外注費など、相手先に連絡が取れる場合は、可能な限り領収書等の再発行を依頼しておきます。

実際にあったケースでは、現金で支払っていた外注費について、領収書の保管がされていなかったのですが、調査の連絡があってから領収書を再発行してもらい、必要経費として認められたことがあります。相手先が認めて発行したものであるため、再発行であっても必要経費として認めてもらえたのです。

(2)　支払いが確認できるものを用意する

領収書等の再発行が難しい場合には、何かしら支払いの事実が確認できるものを用意します。現金払いの外注費については、領収書がなくても必要経費として認められたことがあります。その際に用意したのは手帳、スケジュール帳や出面帳です。

領収書や請求書がなくても、出面帳などの記録から外注があったことがわかる資料から外注費が認められたこともありますし、人工代はおおよその金額が決まっていることが多いので、出面帳などのいつ・誰が・どの現場にいたのかがわかるものを提示して、外注費を必要経費として認められたこともあります。

また、売上げの請求書等に人工が書いていることで、外注費であったことを証明でき、必要経費として認められたこともあります。売上げの請求書に「2人工」とあれば納税者自身のほかに、もう1人いたことがわかります。

領収書などを再発行できればよいのですが、難しい場合には何かしら支払いの事実があったことを示す資料を用意することで、必要経費と認めてもらえることもあります。原始資料が何も残っていない場合には、せめて支払いの事実が確認できるものを用意するようにしましょう。

7　ネットビジネスのケース

近年は、副業により収入を得るケースが増えてきました。

給与収入を得ながら、副業による収入も得ている人がかなり増えてきています。副業で特に多いのは、インターネットを利用した副業です。

Googleアドセンス、アフィリエイト、せどり、オークションなど、インターネットを活用したビジネスを始める方がかなり増えています。当然ながら、税務署側も副業により収入を得ている人に対する税務調査を行っています。

(1) 20万円以下なら申告不要を勘違い

ネットビジネスをしている人に多いのは、「副業は20万円以下なら申告しなくていい」と勘違いしているケースです。ネットビジネスをしている人は、インターネットから情報を得ていることが多く、「副業は20万円以下なら申告不要」の情報をみてそのまま信じてしまっているのです。

確かに所得金額が20万円以下なら申告不要の制度はありますが、それは所得税についてのみです。所得が20万円以下なら申告不要なのは年末調整をしている会社員の場合であり、仮に所得が20万円以下であっても、住民税の申告は必要となります。

(2) 無申告が多い

無申告者に対する税務調査については先述しましたが、ネットビジネスも無申告が多い業種のひとつです。給与所得者がネットビジネスにより収入を得ていても、毎年会社が行う年末調整で課税関係が完結していることから、確定申告をする意識が薄いようです。確定申告が必要であることを知らないことさえあります。

最近は、アフィリエイトのＡＳＰなどが確定申告についての案内をしているのですが、まだまだ確定申告に対する知識がない人も多いです。

さらに、インターネットによる副業収入は把握されないと勘違いしている人も多数います。バレないだろうと思いこんで意図的に申告していないのです。当然ながら、税務署側もこれらの状況は把握しているので、ネットビジネスに対する税務調査をしています。

国税庁の発表によると、平成30年事務年度における、インターネットビジネスを行っている個人に対する調査による追徴課税が、これまでで最も高い金額になったとのことです。また、インターネット取引に対して、積極的に調査を実施している旨も記載されています。

(3)　ネットビジネス専門の調査官

ネットビジネスに対する税務調査は、専門である情報技術専門官が行うこととなります。

情報技術専門官はネットビジネスの税務調査を専門としており、知識も豊富です。

情報技術専門官はすべての税務署に配置されているわけではありません。東京でも数か所、千葉や埼玉は1か所だけです。千葉県の場合は、情報技術専門官は市川税務署にのみ配置されており、広域で調査を担当しているのです。

情報技術専門官の調査も、基本的には通常の税務調査と手順は同じです。広域を担当していますが、修正申告書や届出書等の提出が必要となった場合には管轄の税務署に提出することとなります。広域で担当していることから、情報技術専門官とその担当税務署の調査官が一緒に臨場することもあります。

情報技術専門官の調査で特徴的なのは、事前にある程度の情報を把握してきていることです。

ネットビジネスの場合は、現金取引はほとんどありませんので、何かしらの記録が残っているケースが多いのです。アフィリエイトであればどこのASPを利用しているのか、ネットオークションであればいくつIDがあるのかなど、ある程度の情報を事前に把握しています。

実際に、納税者自身も忘れていたようなほとんど使用していないＩＤまで把握されていたこともあります。

また、ネットビジネスの場合は、必ずパソコンを確認されます。ネットサービスの管理画面やメールの履歴なども確認されることがあり、データを削除した履歴の有無についてもチェックされたことがあります。エクセルの集計データなどを削除した履歴について理由を問われたこともあります。パソコン内のデータは必ず確認されますので注意しておきましょう。

税務調査の進め方についても、通常の調査であればコピーを渡すことが多いのですが、情報技術専門官の場合はなるべくデータで提供してほしいと言われます。基本的な進め方は通常の税務調査と同じですので、特別に厳しい判断をされ不利になるようなこともありません。

8

雑費が多いケース

雑費の金額が多い場合には、それを理由に税務調査に入られることがあります。

実際に調査官から何度か「雑費の金額が多いので内容を確認するために来ました」と言われたことがあります。

雑費を使ってはならないわけではありません。ただ、あまりにも金額が多いと不審に思われてしまいます。なるべく内容が近い科目に振り分けるようにして、雑費はなるべく少なくした方がよいでしょう。

雑費は、基本的にはどの科目にも当てはまらないものを記載するので、雑費の金額が多いだけで不審に思われてしまうのです。実際に税務調査で雑費を調べてみたら、すべて生活費だったことがあります。

雑費が多くても内容が必要経費であれば問題はありませんが、余計な税務調査を減らすためにも、科目は可能な限り振り分けておいた方がよいでしょう。もし適当な科目がない場合には、自分で考えて記載しても差し支えありません。ガソリン代を旅費交通費にしている人や、消耗品費にしている人もいますし、そのまま「ガソリン代」と記載している人もいます。

内容がわかれば問題ありません。

9 住民税のみ申告しているケース

所得税の確定申告をしていないと、市区町村から住民税の申告用紙が送付されてくることがあります。送付されてくるので提出しなければならないと考えて、事実と異なる記載をして提出してしまうことがあります。

実際に、かなりの所得があるにもかかわらず、所得税は無申告であるのに住民税の申告書に「無収入で親の扶養に入っていた」と記載して申告していたケースもありました。このケースでは、所得があることを把握していながら、親の扶養に入っていたと虚偽の記載をしていたことを理由に重加算税を課せられました。

また別のケースでは、住民税の申告のみをすればよいものと思い込んでいた人もいます。住民税の申告書に売上げ・経費の記載をしてしっかりと申告をしていたのですが、所得税の確定申告書は提出しておらず無申告となっていました。住民税の申告のみをしていた理由を確認したところ、単純に住民税の申告書だけ提出すればよいものと思い込んでいたのです。

税務署は、税務調査に入る前に住民税の申告状況も確認しています。所得税が無申告であるのに住民税の申告だけをしている場合や、虚偽の申告をしている場合には、税務調査の際に必ず理由を確認されますので注意が必要です。

10 他人名義の銀行口座を使用しているケース

銀行口座の名義が違うことで税務調査に入られたことがあります。

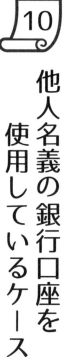

実際に、父名義の通帳を事業用に使用しているケースがありました。この納税者は仕事柄、スカイプや電話による業務をメインにしており、依頼者と直接会うことはありませんでした。そのため、売上げについてはすべて振込みにしていたのです。

職業柄、本名を明かしたくないとの思いから売上げを振り込んでもらう銀行口座を自分の名義にしたくなかったということです。実際に、同業者が本名や自宅を依頼主に教えたところ、執拗につきまとわれたり仕事の結果に逆恨みをされたりすることもあったとのことで、本名を依頼主に伝えないようにしており、銀行口座も他人名義のものを使用していたのです。しかし、完全な他人名義の通帳を使用することはできず、父名義の通帳を使っていました。

この件では、税務署側も、事前に父名義の通帳を使用していることを把握していました。納税者がずっと無申告であったこともあり、意図的に所得を隠そうとしていたのではないかと疑われていたようです。しかし、調査官に、本名を明かしたくなかったことを理由に父名義の通帳を使っていたことを説明して、大きな問題とはなりませんでした。

また別のケースでは、過去に経営していた会社名義の通帳を使用していたケースがあります。納税者が代表を務めていた会社名義の通帳を、個人事業になってからもずっと使い続けていました。過去に代表を務めていた会社は、かなり以前に代表を退いていたのですが、当時に使っていた会社名義の通帳をずっと持っていました。

そして、個人事業者になってからも、その会社名義の口座に売上金額を入金してもらっていました。納税者は、営業用にホームページを作成しており、そのホームページには営業所が全国にいくつもあるように掲載していました。実際に、全国にレンタルオフィスやヴァーチャルオフィスを借りており、かなりの費用がかかっていました。

しかし、実態は1人で活動している個人事業者だったので、そのホームページは規模を大きく見せるためのアピールでした。そして、規模を大きく見せるための方法のひとつとして、売上げの振込先を法人名義の通帳にしていたのです。

それは、個人事業者よりも、法人の方が信用を得られると考えての行動でした。税務署側にもその旨を説明して所得隠し等とはとらえられませんでした。

他人名義を使用していたこれらの2つのケースとも、明確な理由がありました。そのため、所得隠し等とは判断されず、重加算税の対象とはならなかったのです。しかし、いずれのケースも本人とは違う他人名義の口座を使用していたことが税務調査に入られた理由でした。

余計な税務調査を減らし、あらぬ疑いをもたれないためにも他人名義の口座を使用するのは控えた方がよいです。

やむを得ない理由があって他人名義の通帳を使用する場合には、しっかりと税務署側に説明できるようにしておくことが大切です。当然ながら、確定申告の際には実質的に所得を得ている人が申告をする必要があります。口座名義が父であっても、所得を得ているのが子であれば子の所得として申告することとなります。

第6章　特殊なケースと対応

本章では、特殊だった個人事業者の税務調査のケースをいくつか紹介します。守秘義務の関係から、状況設定など事実関係を変更しています。

1 調査の途中で担当者が変更となったケース

税務調査の途中で担当者が変更となったことがあります。

個人事業者の税務調査は、確定申告時期を除いて行われます。税務署は、毎年7月に異動があるため、異動前の4月から6月は税務調査が少ないと言われていました。しかし、近年は異動前の時期であっても税務調査が行われます。

4月から6月ころに開始する税務調査は、長引くと7月の異動をまたぐ可能性もあります。異動をまたぐと担当者が変更となることがあります。実際に、何度か税務調査の途中で担当者が変更となったケースがありました。

担当者が異動となる場合には、担当者自身から異動する旨を伝えられることもあります。担当者も、直前まで異動の有無については知らされないようですが、ある程度の年数が経つと、自分が異動するかどうかは何となくわかるようです。事前に、「そろそろ私も異動の対象となるので」と伝えられたことが何度かあります。

ある調査では、「7月10日異動となったので7月9日までに修正申告書を提出してほしい」と要請されたこともあります。この調査では、納税者と税務署側でなかなか調査の着地点が折り合わず、話し合いがずっと平行線でした。納税者としては経費を認めてほしいところであり、譲れないとして税務署の主張を納得できずにいたのです。調査が長引くかと思われたところで調査官の異動の話が出ました。

調査官から、できれば異動前に終了したい旨の話があり、この日までに修正申告書を提出してくれれば、一定額の経費を認める旨の申し出があったのです。納税者とすれば経費が認められるのであればよしとして、修正申告書の提出に応じました。

調査担当者が変更となる場合に気を付けなければならないのは、税務署側の見解も変わる可能性があることです。担当者だけの変更であれば大きな問題はありませんが、上司である統括官も変更となると特に注意が必要です。せっかく途中まで進んでいた税務調査について、また事業概況の聞き取りから始められたケースもありました。

前任の担当者が進めていた調査が、なかったことのようにまた最初から調査を始められることもあります。納税者としてもまた時間を割く必要があり、かなり負担が増えてしまいました。

別のケースでは、納税者と税務署側とで話がまとまり、あとは税務調査の結果説明を受けて、修正申告書を提出すればよいだけとなっていた時点で、担当者が変更となりました。担当者が変更となることは伝えられていましたので、新しい担当者から連絡があったときには調査結果の説明をされるものだと思っていました。

ところが、新しい担当者から告げられたのは「前任者の記録を確認すると調査期間を7年間にして重加算税をかけます」という話でした。これには納税者も驚き、前任者との話が違い納得できない旨を主張しました。しばらく進展がありませんでしたが、前任者から渡されていた納税一覧表があり、それを税務署側に提示して、「前任者とはここまで話が進んでいた」と主張し続けた結果、ようやく以前の話のとおりでよいこととなりました。

さらに別のケースでは、逆の扱いとなったこともあります。

前任者には、調査期間が7年間で重加算税の対象となると伝えられていたのですが、新しい担当者がもう一度検討した結果、重加算税には該当せず、調査期間は5年間にしますと言われたことがあります。これは納税者の負担が軽くなる変更でした。

2 納税者と連絡が取れなくなってしまったケース

税務調査は、税務代理権限証書を提出することで、税理士が対応することも可能です。ただし、税理士だけで税務調査が完結できるわけではありません。税務署側との連絡は税理士が行うことができても、原始資料の用意や修正申告書を提出するかどうか、税務署の主張を認めるかどうかは納税者本人が行う必要があります。

税理士は、さまざまなアドバイスを行うことはできますが、最終的にどうするのかの判断は納税者が行う必要があるのです。

税務調査の途中で納税者と連絡が取れなくなってしまったケースが何度かあります。無申告であった納税者から依頼を受け、税務署側と調査を進めていたのですが、ある時を境に急に納税者と連絡が取れなくなってしまいました。納税者が税理士に依頼をした理由は、仕事が忙しく税務調査対応の時間が取れないというものでしたので、なかなか連絡が取れないことはありました。しかし、こちらから連絡をすれば後日に必ず折り返しの連絡をもらえていたのが、急に連絡が取れなくなってしまったのです。

納税者との連絡はすべて筆者が行っていたのですが、連絡が取れなくなり、調査も進められなくなってしまいました。やむを得ず税務署側からも納税者に連絡をしてもらうようにしましたが、それでも連絡が取れないままでした。筆者から書留で書面を郵送すると、受取の事実は確認できたものの連絡がないままでした。

この納税者はずっと無申告でした。売上金額は、銀行振込みによるものだけだったので、通帳を確認することで把握することができました。経費についてはほとんどがクレジットカード決済だったため、利用明細を取り寄せてもらい、集計をお願いしていたところでした。そんな中で納税者と連絡が取れなくなってしまったので、経費もわからないままだったのです。

結局、納税者とは連絡がとれないままであり、調査に協力する意思がないとみなされ、反面調査が進められてしまいました。最終的には更正処分となりかなり厳しい結果となったようです。

また、別のケースでは、税務調査の途中でやはり納税者と連絡が取れなくなってしまったことがあります。「仕事中に体調が悪くなり病院に運ばれてしまいました」と連絡があってから、その後一切の連絡が取れなくなってしまいました。電話やメールで連絡してもまったくの音信不通となってしまいました。

税務署側が納税者の自宅を訪れたようですが、郵便ポストに郵便物やチラシがたまっている状態で、長期間不在にしている状況だったようです。納税者が「病院に運ばれた」との連絡があってから、結局そのまま連絡が途絶えてしまっていたので消息についてもかなり心配でした。

本ケースでは、税務調査が始まったのが平成30年であり、調査対象期間が平成29年以前となっていたことから、税務代理権限証書も平成29年以前として提出していました。しかし、調査が長引き、平成30年も調査対象期間となったことから、平成30年の調査について委任を受けていない状態となってしまったのです。

納税者と連絡が取れないことから筆者にはどうすることもできず、税務署側に委ねる形となってしまいました。調査結果については、税務署から連絡をしてもらうように依頼したのですが、執筆時点ではまだ連絡がありません。

3 税務署側が資料を紛失したと疑われるケース

個人事業者の税務調査では、税務署側に資料を預けることがあります。

調査の効率化を図るために、納税者自身に聞かなければならないことのみ聞き取りを行い、原始資料の確認などは、資料を預かり税務署で調べることも多く行われています。

納税者側としても、調査官が資料を調べている間はその場で見ているしかありませんので、資料を預けてしまった方が効率的です。

資料を預けると細かいところまでチェックされるから嫌だと思われることもありますが、実務上の感覚ですと、資料を預けた場合とそうでない場合で大きな違いは感じられません。資料を預けない場合には、調査官が何度も臨場して調べることとなるため、その度に時間を取らなければなりませんから大変な負担となります。

資料を預ける際には、何を預けたのかを詳細に記載した預かり証を交付されることとなりますが、この時、預かり証はしっかりと確認して何をどれだけ預けたのかを確認する必要があります。どこの銀行の通帳を何冊預けたのか、請求書は何枚預けたのかなどを記載してもらいます。預かり証にしっかりと記載をしてもらわないと、資料を返却してもらった際に紛失等の確認ができません。

通常は、税務署側で資料を紛失することはありえませんが、実際に税務署が資料を紛失したと思われるケースがありました。現金商売を営んでいた納税者が毎日の売上金額を記載した日報を税務署に預けたのですが、返却された後に確認したところ特定の日付の日報がないことに気づいたのです。日報は営業日ごとに1枚ずつ作成していたので1年間では300枚以上ありました。これを3年分預けたので相当な枚数でした。

預けた際にも、預かり証には「日報　3冊　平成28年から平成30年分」としか記載しておらず、枚数までは数えていませんでした。納税者も、返却時には紛失の可能性に気づきませんでした。この納税者は、日報の売上金額を毎日エクセルに入力して売上金額を集計していました。税務調査で、売上金額についての確認を求められ、エクセルと日報を付け合わせしているところで、日報がなくなっていることに気づいたのです。ある特定の日付の日報がなくなっていました。エクセルにはその日付の売上金額が入力されていたので、日報があったのは間違いありません。税務署にも確認したところ、その日付のコピーがあることはわかりました。

税務署にコピーがあるのに、納税者が返却された原始資料がなかったのです。考えられる理由は税務署がコピーを取った際に紛失したか、返却後に納税者が紛失したかです。この日報は穴をあけて紐で綴じてありましたが、返却の際には数枚が紐に綴じられておらず、ただ挟まれている状態でした。このことを税務署に問い合わせましたが紛失の事実は認めませんでした。

状況的に、税務署側がコピーを取る際に紛失した可能性が高いと思われたため、税務署長に書面にて苦情を訴える旨などを担当者に話したところ、統括官と担当者が納税者宅を訪れ、調査が長引いていることを謝罪されましたが、紛失したことは認めませんでした。この調査はまだ売上げだけしか調査されておらず、これから経費の調査が始まるかと思われたのですが、その時点で判明している売上漏れだけ修正してくれれば調査を終了すると言われました。

資料の紛失については認めませんでしたが、何かしらの思惑はあったのかと感じられた調査でした。

4 納税者自身も知らない所得が判明したケース

個人事業者の税務調査は、事業所得以外の所得についても調査の対象となります。生活用口座を確認されるのも、生活費の確認のほかに事業以外の所得を確認するためでもあります。

近年では、本業以外にも副業による所得を得ているケースも多く、調査官も慎重に調査している印象を受けます。実際に副業の所得は無申告になっていることが多いです。さらに、税務調査において、本人も知らなかった所得があることが判明したこともあります。

あるケースでは、納税者は事業所得があり、青色申告でしっかりと帳簿を作成して申告していました。税務調査でも大きな問題がなく、事業所得については何も指摘されませんでした。ところが、調査官から「譲渡所得がありますよね」と言われたのです。本人にも覚えがなかったので非常に驚きました。ただ、この納税者は妹から不動産関係の書面に印鑑が欲しいと言われたことがあることは覚えていました。実は、妹が主導して共有財産を売却していたのです。

納税者も譲渡関係の書面には押印していたものの、実際に売却代金をもらっていなかったことから、譲渡していたことは知らない状態でした。

調査官が通帳を調べても、確かに譲渡代金の入金はありませんでした。税務署は、事前に別の調査で妹が主導で譲渡していた事実を把握していたことから、この納税者の譲渡所得の漏れについては意図的なものだとは判断されませんでした。

しかし、当然ながら譲渡による所得については納税が必要となります。納税者は妹に事情を説明して、譲渡代金について精算してもらい納税することができました。

税務調査によって本人も忘れていた所得が判明した珍しい事例です。

5 税務署側が納税者と会わずに税務調査が終了したケース

先述したように、税務調査は納税者本人の対応が必要となります。

税理士が代理として調査対応をすることはできますが、納税者本人がまったく何もせず調査を終えることはできません。

しかし、税務署側が納税者に一度も会うことなく調査が終わったケースが何度かあります。

ずっと無申告であった納税者に、税務署から事前通知の連絡がありました。対応がわからず筆者に調査対応の依頼をしたのです。事情を確認すると、無申告ではありましたが、原始資料はすべて保存されており、すぐにでも確定申告書の提出ができる状態であったため、調査官の臨場前に5年分の申告書を提出しました。その後、提出した申告書を確認した調査官から連絡があり、「帳簿を確認したいので送付してほしい」との連絡がありました。帳簿を送付したところ、大きな問題はなさそうなのでこれで調査は終わりにしたいと連絡があったのです。

事業概況の聞き取りや、原始資料の確認などをせずに調査を終了すると連絡があったので非常に驚きました。おそらく事業規模がそれほど大きくなかったことと税理士が帳簿を作成したということで問題ないだろうと判断されたのかと思われます。

調査官の臨場前に修正申告書や期限後申告書を提出することはありますが、通常はそれで調査が終わることはありません。非常に珍しいケースでした。

6 調査により減額更正となったケース

何度も書いているとおり、税務調査の目的は正しい課税にあります。税務調査があると必ず追加の納税が発生すると考えている方もいますがそのようなことはありません。税務調査の結果、何も問題がない場合もあります。

そして、稀ですが、税務調査によって減額更正となることもあります。

実際にあった減額更正のケースは、意図的な過大申告をしていたケースです。税負担を減らすために意図的な過少申告をしていることはよくありますが、逆に過大申告をしていたのです。過大申告をしていた理由は、金融機関からの借入れをするためでした。

税務調査によって、売上金額が過大であり、経費も減額していることがわかりました。帳簿などは何もなく、毎年の確定申告書は適当な数字を書き込んでいたのです。しかし、帳簿などは作成していなくても、自分自身の年間の売上金額は何となく把握していたことから、確定申告の際に意図的に過大な金額を書いており、経費については領収書をざっと集計して少なく記載し利益が多くなるようにしていました。明らかに利益調整をしていたのですが、実際より利益を多く計上し納税もしていました。

この調査では、税務署側で実際の売上金額・経費を計算し、正しい所得金額を算定されました。その所得金額に基づき減額更正となったのです。税務調査が税金を取ることだけが目的であれば減額更正はされなかったでしょう。原始資料がすべて保存されていたことで、実際の金額を把握することができ減額更正となりましたが、もし資料が保存されていなかったら別の結果となっていた可能性もあります。

7 廃業後に調査があったケース（法人成り後に個人事業者時代の税務調査があった）

個人からの税務相談を受けていると、廃業すれば税務調査は来なくなると思っている方が非常に多いですが、税金の時効は5年間（脱税等がある場合は7年間）とされていますので、個人事業を廃業しても税務調査に入られることがあります。

実際に、法人成り後に個人事業者時代の税務調査が入ったことがあります。

個人事業者でありながらずっと無申告であった納税者は、事業規模が大きくなってきたことで税務署から連絡が来ることを恐れていました。無申告を指摘されることを避けるために法人成りし、個人事業を廃業したのです。

しかし、ついに、法人の1期目の決算が終わった後、税務署から連絡があり個人事業時代の税務調査をされることとなりました。法人の決算を依頼していた税理士には法人設立前に個人事業者であったことを伝えていましたが、無申告についての対応の指導はなかったようです。

たまたま、法人成りした後すぐに税務調査が入ったことで、個人事業であった頃の資料も保存されていたものが多く、調査は比較的スムーズに進めることができました。とはいえ、法人成りをした理由や、ずっと無申告であった理由については細かく聞かれることとなりました。

税務調査にしっかりと対応し、期限後申告書の提出にも速やかに応じていたことも影響したためか、重加算税を課せられることはありませんでした。

第7章　納税に関すること

1 税務調査によって発生する可能性のある税金

税務調査によって修正すべき事項があると、追加で税金の支払いが必要となります。その場合、個人事業者では、一般的に次の税金の支払いが発生します。

・所得税（申告所得税、復興特別所得税）
・消費税
・住民税
・事業税
・国民健康保険料（税）

これは、所得の増加によって発生するものです。税務調査によって何も修正すべき事項がない場合には、もちろん支払うべき税金は発生しません。そのほかにケースによっては印紙税や源泉所得税が発生することもあります。

このほかに発生するものとしては、

・加算税
・延滞税

が考えられます。

加算税については、税務調査の内容によって過少申告加算税・重加算税・無申告加算税があります。どの加算税になるかは、税務調査の結果や調査前の申告状況により異なります。

一般的には、軽微な修正等については過少申告加算税、意図的な過少申告等については重加算税となります。そして無申告であった場合には無申告加算税となります。

加算税の割合についても、当初の申告書を期限内に提出していたか期限後であったのか等によっても異なります。平成28年度の税制改正により加算税制度が改正されました。

【改正後の加算税割合】

修正申告等の時期	過少申告加算税		無申告加算税	
	改正前	改正後	改正前	改正後
法定申告期限等の翌日から調査通知前まで	対象外	同左	5%	同左
調査通知以後から調査による更正等予知前まで	対象外	5% (10%)	5%	10% (15%)
調査による更正等予知以後	10% (15%)	同左	15% (20%)	同左

※ （ ）書きは，加重される部分（過少申告加算税：期限内申告税額と50万円のいずれか多い額を超える部分，無申告加算税：50万円を超える部分）に対する加算税割合を表します。

このほかに、次のようなものも、税務調査によって支払いが発生する可能性があります。

実際にあったケースで、子に障がいがあり、市から障がい手当を受給していた納税者がいました。この障がい手当には所得制限があるのですが、税務調査で所得が増加したことにより所得制限を超えてしまったのです。そのため、制限を超えた年度については、受給していた障がい手当の返還を求められることとなりました。

また、国民年金の免除を受けていた場合には、税務調査によって所得が増加することで免除が受けられなくなることもあります。

さらに、県営住宅等に住んでいる人では、所得が増加することにより、退去の要請を受けてしまうこともありえます。所得の増加により保育料が変更となる場合もあるでしょう。

所得税や住民税などのほかにも、思わぬ負担が発生することもあるので注意が必要です。

2 税金の支払い方法

税務調査で発生した税金については、原則として一括払いとなります。

所得税や消費税については、修正申告書を提出すると同時に納付が必要となります。数年分の修正申告書を提出したとしても、同時に納付しなければなりません。7年分の納税ともなるとかなりの金額となります。

申告所得税・消費税については、自ら納付書を用意して納付するか、税務署にて直接支払う必要があります。納付が遅れると、延滞税も増えてしまうため可能な限り早期に納付すべきです。延滞税は本税をすべて支払えば増えることはありません。

また、住民税や事業税は通知が届きます。住民税は市区町村から、事業税は県（都）税事務所から届きます。

所得税・消費税は、修正申告書の提出と同時に納付が必要となりますが、それ以外の税金等については基本的に通知が届く形となります。延滞税・加算税についても通知が届いてからの納付となります。

3 一括で支払いができない場合の対応

税金の支払いは原則として一括払いとなります。国税の納付ができない場合は、次のような処分等があります。

・完納する日までの日数に応じた延滞税がかかる

・財産の差押えなどを受けることがある
・納税証明書「その3」が発行されない（未納の税額がないことの証明）

延滞税については、原則として、法廷納期限の翌日から完納する日までの日数に応じてかかります。納付が遅れれば遅れるほど負担が増えていきます。

また、国税を滞納すると財産の差押えを受けてしまうこともあります。差押えの順序としては、

1　督促状の送付
2　財産の調査
3　財産の差押え
4　取立て・公売
5　国税に充当

となります。

納付期限を過ぎても納付がない場合は、まずは督促状が送付されてきます。督促状を送付されても納付がなく、税務署に相談もない場合には、次の段階として財産の調査をされることとなります。

財産の調査では、金融機関や取引先に対して税務署から連絡があり、財産がどの程度あるのかを調べられることとなります。さらに、徴収職員が事務所や自宅などの捜索をして財産調査をすることもあります。

財産の調査をされた段階でまだ納付がなく、納付の相談もない、相談をして納付の約束をしたが約束を守られないような場合など、納付する意思がないと認められてしまうと次の段階に移り、実際に差押えをされることとなります。動産（貴金属等）や債権、不動産などの財産の差押えをされてしまいます。

その後は取立て・公売をされます。債権について取立てをされ、動産や不動産等は入札により公売を行われます。取立てられた債権や公売による売却代金は国税に充当されることとなります。

4 相談することが大切

一括での納税ができない場合には相談することが大切となります。

国税を納付できない場合には、先述のような財産調査をされ、最後には公売されてしまうのですが、あくまでも納付の相談や納付する意思が確認されない場合での話です。

一括で納付ができなかったとしても、しっかりと相談をして納付する意思があることを示せば差押え等をされる可能性は低くなります。

よく、「1年間で完納しなければならない」といわれることがあります。確かに、納付相談をすると税務署側は1年間での納付計画を作成するように要請してくるケースが多いですが、実際には1年での完納が難しい場合には、数年間に渡って納付をすることもあります。

5 猶予制度

国税を一括で納付できない場合には、次のような猶予制度があります。

・申請による換価の猶予
・納税の猶予

猶予が認められると、猶予期間中の延滞税の全部や一部が免除され、財産の差押えや換価が猶予されます。

(1) 申請による換価の猶予

国税を一括で納付することにより、事業の継続や生活をすることが困難になるおそれがある場合、他の国税の滞納がないなどの要件に該当するときは、その国税の納期限から6か月以内に税務署に申請することにより、原則として1年以内の期間に限って、換価の猶予が認められる場合があります。申請による換価の猶予の他に税務署長の職権による換価の猶予もあります。

申請による換価の猶予については以下の5つの要件の全てに該当する必要があります。

・国税を一時に納付することにより、事業の継続または生活の維持を困難にするおそれがあると認められること
・納税について誠実な意思を有すると認められること
・換価の猶予を受けようとする国税以外の国税の滞納がないこと
・納付すべき国税の納期限から6か月以内に申請書が提出されていること

・原則として、担保の提供があること

これらの要件の全てに該当するときは、原則として1年以内の期限に限り換価の猶予が認められる場合があります。

(2) 納税の猶予

次のような理由により、国税を一括で納付することができない場合には、所轄の税務署長に申請することにより、原則として1年以内の期間に限り、納税の猶予が認められる場合があります。

・災害・病気・休廃業・事業上の著しい損失など
・本来の期限から1年以上経過した後に、修正申告などにより納付すべき税額が確定したこと

納税の猶予にも要件があり、次の要件の全てに該当するときは、原則として1年以内の期間に限り納税の猶予が認められることがあります。

・納税者がその財産につき、震災・風水害・落雷・火災その他の災害を受け、または盗難に遭ったこと
・納税者またはその者と生計を一にする親族が病気にかかり、または負傷したこと
・納税者がその事業を廃止し、または休止したこと
・納税者がその事業につき著しい損失を受けたこと
・納税者に上記に類する事実があったこと
・本来の期限から1年以上経過した後に、修正申告などにより納付すべき税額が確定したこと
・猶予該当事実に基づき、納税者がその納付すべき国税を一括で納付することができないと認められること

・申請書が提出されていること
・原則として担保の提供があること

国税の納期限前に、災害により財産に相当の損失を受けた場合は被災者のための納税の猶予があります。

納税の猶予は原則として1年以内の期間とされていますが、1年経過後に更新手続きをすることも可能です。

(3) 申請のために必要な書類

猶予の申請をする場合には、次の書類を提出する必要があります。

・換価の猶予申請書または納税の猶予申請書
・資産および負債の状況、収入および支出の状況を明らかにする書類

・担保提供に関する書類
・災害などの事実を証する書類（納税の猶予の場合）

(4) 担保提供

猶予の申請をする場合には、原則として猶予を受けようとする金額に相当する担保を提供しなければなりません。ただし、次に該当する場合には担保は不要です。

・猶予を受ける金額が100万円以下である場合
・猶予を受ける期間が3か月以内である場合
・担保として提供することができる種類の財産がない事情がある場合

実際には担保がなくても猶予が認められたケースもあります。

(5) 猶予期間

猶予を受けることができる期間は1年の範囲内です。申請者の財産や収支の状況に応じて、最も早く国税を完納することができると認められる期間に限られることとなります。

猶予を受けたからといってその期間に納付をしなくてよいわけではありません。原則として、猶予期間中であっても分割にて国税を納付する必要があります。

なお、猶予を受けた後に、猶予期間中に完納することが難しくなった場合には、猶予期間の延長が認められる場合があります。実際に猶予の延長を受けたケースもあります。延長を受ける際には再度申請書を提出する必要があります。

(6) 猶予の取消し

猶予を受けたとしても、予定どおりの納付がない場合や、新たな国税の滞納が発生した場合には猶予が取り消されてしまう場合があります。

猶予を受けたからといって納付しなくてよいわけではありませんし、計画どおりに納付する必要があることには注意が必要です。

(7) 猶予申請書の記載方法は税務署に相談する

猶予申請書は、税務署に相談すると記載方法について教えてくれます。どうにか猶予を受けられるように親身になってくれるケースが多いです。

実際に、納税者自身で猶予申請書を記載して提出したところ「これでは猶予を受けられないので修正してほしい」と言われたこともありますし、その場で税務署の担当者の指導を受けながら記載し提出して、申請を受けることができたことがあります。

記載方法については税務署に相談してみるのも有効です。

6 延滞税の計算期間の特例

税金が、定められた期限までに納付されない場合には、原則として法定納期限の翌日から納付する日までの期間に応じ、利息に相当する延滞税が課されます。

延滞税がかかる場合としては、次のようなときです。

・申告などで確定した税額を法定納期限までに完納しないとき
・期限後申告書または修正申告書を提出した場合で、納付しなければならない税額があるとき
・更正または決定の処分を受けた場合で納付しなければならない税額があるとき

いずれも、法定納期限の翌日から納付する日までの日数に応じた延滞税を納付する必要

があります。延滞税は本税だけを対象としていますので、加算税に対しては課されません。

また、延滞税の割合は以下のとおりです。

(1) 納期限の翌日から2月を経過する日まで

原則として年「7・3％」です。ただし、平成12年1月1日から平成25年12月31日までの期間は、「前年の11月30日において日本銀行が定める基準割引率＋4％」の割合となります。また、平成26年1月1日以後の期間は、年「7・3％」と「特例基準割合＋1％」のいずれか低い割合となります。なお、具体的な割合は、次のとおりとなります。

- 平成30年1月1日から令和元年12月31日までの期間は、年2・6％
- 平成29年1月1日から平成29年12月31日までの期間は、年2・7％
- 平成27年1月1日から平成28年12月31日までの期間は、年2・8％
- 平成26年1月1日から平成26年12月31日までの期間は、年2・9％

(2) 納期限の翌日から2月を経過した日以後

原則として年「14・6%」です。ただし、平成26年1月1日以後の期間は、年「14・6%」と「特例基準割合+7・3%」のいずれか低い割合となります。なお、具体的な割合は、次のとおりとなります。

- 平成30年1月1日から令和元年12月31日までの期間は、年8・9%
- 平成29年1月1日から平成29年12月31日までの期間は、年9・0%
- 平成27年1月1日から平成28年12月31日までの期間は、年9・1%
- 平成26年1月1日から平成26年12月31日までの期間は、年9・2%

なお、延滞税の計算には特例があります。

重加算税になるような、偽りその他不正の行為により国税を免れた場合等を除いて、次の場合には一定の期間を延滞税の計算期間に含めない特例があります。

(1)　期限内申告書が提出されていて、法定申告期限後１年を経過してから修正申告または更正があったとき

(2)　期限後申告書が提出されていて、その申告書提出後１年を経過してから修正申告または更正があったとき

(3)　確定申告書を提出した後に減額更正がされ、その後さらに修正申告または更正があったとき（平成29年１月１日以後に法定納期限が到来する国税について適用されます）

これは、延滞税の除算期間といわれるものです。

重加算税を課せられた場合には、この除算期間（計算期間の特例）を受けることはできません。除算期間は、税務調査の結果による修正申告書の提出や更正・決定等の処分について時期が税務署側の事務都合で変わってしまうことから、納税者の延滞税の負担の違いを調整するような意味合いがあります。

延滞税については、税務署側で計算しますので納税者側が自分で計算して納付するわけ

ではありません。本税の納付後に税務署から送付されてくる延滞税の通知については除算期間の適用がある場合にはしっかりと考慮して計算されています。

第8章　そのほかに知っておくべき事項

今まで解説してきた事項のほかにも、税務調査に対応するために知っておいたほうよいことがあります。いずれも調査結果に大きく影響し、対応次第で重加算税を課せられる場合もあります。税理士としては、偽りや不正行為等がないのに対応の誤りにより重加算税を課せられてしまうようなことは防がなければなりません。

1 消費税の仕入税額控除

税務調査で発生する税金の中で、負担が重くなりがちなのが消費税です。繰り返しになりますが、個人の税務調査は所得税を中心に進められますが、消費税も調査の対象となります。

第5章でも述べましたが、何も資料が残っていない場合に負担が重くなりがちなのが消費税です。

消費税の仕入税額控除を行うためには、その事実を記載した帳簿および請求書等の両方の保存が必要となります。課税仕入れ等の事実を記載した帳簿はその閉鎖の日、請求書等は受領した日の属する課税期間の末日の翌日から2か月を経過した日から7年間保存しなければなりません。これらの保存がない場合には、消費税の仕入税額控除をすることができなくなります。

実際に、税務調査で仕入税額控除を一切認められなかったケースがあります。帳簿や原始資料が何も残されていなかったために、仕入税額控除が認められなかったのです。売上金額に対してそのまま消費税額が課せられてしまったため、相当な負担となってしまいました。

もし、帳簿や請求書等の保存がない場合には、可能な限り再発行等を依頼して準備しておくべきです。帳簿については、先述したようにその閉鎖の日の属する課税期間の末日の翌日から2か月を経過した日から保存していなければなりませんので、税務調査の連絡があってから帳簿を作成しても要件を満たすことはできません。

それでも、せめて請求書や領収書などの再発行できるものは用意しておくべきです。帳簿がなくても、原始資料等により支払の事実が確認でき、仕入税額控除が認められたことがあります。実務上は、支払いの事実が確認できれば仕入税額控除を認めてくれることが多いようです。

税務調査を受ける際には、消費税の仕入税額控除の要件を満たしているかどうかの確認が非常に重要となります。税務調査は所得税を中心に行われますが、負担が重くなりがちなのは消費税なのです。

消費税の仕入税額控除は、何も資料が残っていない場合には一切認められず、税務署側はかなり厳しい対応を取ってきますので、仕入税額控除の要件を満たしていない場合には何かしらの対策が必要となります。

2 税金の時効

税金には時効があります。国税の徴収権について、権利を行使できる期間には制限があり、その期間内でなければ国税の徴収はできないこととされています。

国税の消滅時効の期間は5年とされています。地方税も同様です。

そのため、例えば、令和元年に税務調査が入った場合には、平成26年分までの5年間分（平成30年分から平成26年分まで）についてが調査対象期間となります。

事前通知の際には調査期間について3年間と伝えられることがありますが、状況により調査期間が5年になる可能性がある旨も同時に伝えられます。これは時効が5年間であるためです。

実際にあったケースでは、20年間無申告であった者に税務調査が入ったことがありました。20年間ずっと無申告でしたが調査期間は5年間でした。本来は、20年分の申告をしなければならなかったのですが、時効が5年間であるため、税務調査も5年間分となったのです。

3 脱税がある場合

脱税行為がある場合は、時効については法定納期限から2年間は進行しないこととされています。したがって5年間ではなく7年間となります。令和元年に税務調査が入った場合には、平成24年分まで（平成30年分から平成24年分の7年間）が調査対象期間となります。

事前通知後に申告内容を見直して誤りに気づいた場合には、調査日の前に修正申告書を提出することができます。事前通知で3年間と言われたから修正申告書も3年間分を提出するケースがありますが、時効の原則は5年間であるため残りの2年間についても調査対象となります。

特に注意が必要なのは意図的な過少申告がある場合です。事前通知後に修正申告書を提出する場合には5年間分の提出をしておく必要があります。先述したように、事前通知が3年であったために3年分のみ修正申告書を提出しても、残りの2年の間に脱税があると調査期間が7年間となってしまいます。

せっかく調査前に修正申告書を提出したのに、7年間の調査となってしまうケースは多いです。

4 更正の予知

税務調査の事前通知があった後に行うべきことのひとつとして、申告内容の見直しがあります。もし、申告した内容に誤りがあった場合には、修正申告書を提出することで早期に調査を終了させることができる可能性があります。

税務調査対応の依頼を受けた場合には、修正申告書を提出するかどうかの判断は非常に重要なものとなります。すべての税務調査において修正申告するか否かの判断をしなければなりません。

修正申告をすると加算税に影響があります。修正申告書の提出が調査官の臨場の前か後かで加算税の取扱いが変わります。臨場前に修正申告書を提出した方が加算税の割合が少なくなります。調査を早期に終了させる、加算税の割合を下げる、修正申告をするとこのような影響があります。

しかし、臨場前に修正申告書を提出した場合に問題となるのが更正の予知です。加算税の割合が下がるのは更正の予知がなかった場合の話です。更正の予知があったと判断されると加算税は通常通りの割合となります。

更正の予知は、納税者が税務署から更正されることを予想していることをいいます。税務調査が進みこのままだと税務署から誤りを指摘されると予想できている状態のことです。

税務署から誤りを指摘されることを予想できる状態で、修正申告書を提出しても自主的な修正申告とは判断されないのです。

更正の予知があると判断されると、修正申告書を提出しても加算税の割合は減額されないので提出する効果があまりないこととなります。更正の予知があった場合には、重加算税の対象となるケースが多いため、更正の予知の有無によって大きな違いができます。

更正の予知については、国税庁ホームページの事務運営指針によると次のように示されています。

〈修正申告書の提出が更正があるべきことを予知してされたと認められる場合〉

2　通則法第65条第1項又は第5項の規定を適用する場合において、その法人に対する臨場調査、その法人の取引先の反面調査又はその法人の申告書の内容を検討した上での非違事項の指摘等により、当該法人が調査のあったことを了知したと認められた後に修正申告書が提出された場合の当該修正申告書の提出は、原則として、これらの規定に規定する「更正があるべきことを予知してされたもの」に該当する。

（注）　臨場のための日時の連絡を行った段階で修正申告書が提出された場合には、原則として「更正があるべきことを予知してされたもの」に該当しない。

税務調査の事前通知があっただけでは、原則として、更正の予知があったとはいえないとあります。

実際に、更正の予知があったとして重加算税の対象となると言われたことがあります。毎年、自身で確定申告書を作成している納税者がいました。その納税者は、税金の負担を減らしたいことから、意図的に過少申告をしていたのです。実際の売上げは2、000万円くらいでしたが、消費税の課税事業者にならないように売上金額を900万円にして申告していました。そこに税務調査の事前通知があり、臨場前に修正申告書を提出しました。毎年、意図的な過少申告をしていたことから申告書の誤りには気づいていたためです。

税務調査により、当初の申告と修正申告で大きな差額があることを聞かれ、正直に意図的に過少申告していることを伝えました。すると税務署側から調査前に修正申告書を提出しているが、意図的な過少申告をしていたことから申告の誤りには気づいていたはずであり、調査によって誤りを指摘されることを予想していたはずであることを告げられました。更正の予知があったとして重加算税の対象となると説明されたのです。修正申告書は事前通知があった段階で提出しており、税務署側はまだ調査を開始していませんでした。

これは、先ほどの事務運営指針の注書きに該当することになります。この旨を税務署側に主張したところ、公正な課税の見地から、意図的な過少申告をしている場合には重加算税の対象となるとの説明がありました。確かに、公正な課税をするために不正行為等があった場合には、重加算税の対象となっても仕方ありません。ただしそれはあくまで法律に基づいての話となります。

これも実際にあったケースですが、20年間ずっと無申告だった者に税務調査が入り5年間の課税がなされました。20年間ずっと事業を行っていたにもかかわらず、5年間だけ申告をして、15年間は課税されなかったのです。一方で何十年と真面目に申告している人もいます。真面目に申告している人からすれば、15年間分の課税がされないのは不公平だと感じるでしょう。しかし、法律上では税金の時効は5年間であり、5年間しか課税されないのです。

公正な課税は原則でありますが、あくまで法律に基づいての話です。不正行為があった場合は重加算税の対象となってもおかしくありません。それは法律に照らして判断することとなりますので、感情論で決められることでないことは意識しておくべきです。

事前通知後に修正申告書を提出したケースでも、税務署側は繰り返し「公正な課税のために重加算税」と説明していました。公正な課税は当然ですが、あくまで法律に基づいての話であると考え、このケースでは更正の予知はなかったと主張し続けました。結果として、重加算税の賦課決定が届くこともなく税務調査は終了となりました。

もし、税務署側から伝えられた「更正の予知があったから重加算税である」に対して、何らの主張もしなかったらそのまま重加算税を課せられていたことでしょう。

更正の予知の有無については税務調査で問題となりがちです。

どのようなケースで更正の予知があったと判断されてしまうのかは知っておくべきです。

5 質問応答記録書

税務調査は、調査官の質問に対して納税者が回答する形で進められます。納税者が回答したことを調査官がメモしていき、税務署に戻り上司の判断を仰ぎながら調査は進められます。

通常は、納税者の回答を調査官がメモしていくだけなのですが、場合によっては正式な記録を残させてくださいと言われることがあります。それが質問応答記録書です。

質問応答記録書は、税務署側の質問に対して、納税者がどのように回答したのかを正式な記録として残す書面です。後々になって「言った・言わない」をなくすためのものです。争いになった場合に証拠として使用されることもあります。

質問応答記録書は強制ではありませんので、作成を断ることもできますが、断る際には理由を聞かれることもあります。

質問応答記録書には、納税者の署名押印をすることとなりますが、署名押印を断ると断った理由を記載されます。「○○のため署名押印を拒否する旨の申し出があった」と記載されたことがあります。

質問応答記録書は署名押印して提出しますが、納税者側に控えは渡してもらえません。それを理由に作成を断ったことがあります。質問応答記録書の作成を断っても、税務調査で不利になることはありません。

質問応答記録書の作成は強制ではなく任意です。しかし実際には、調査官からあたかも強制のような形で説明をされることが多く、「作成します」と言われると断れないケースが多いようです。細かな説明もなく、ただ「今までのやり取りを記録として残させてください」と言われるだけですので、疑問に感じることもなくそのまま作成を開始されてしまいます。

実際に、質問応答記録書の作成を断って、そのまま調査が終了したケースもあります。その時は、実地調査の後に、もう一度時間を取ってほしいと言われました。2回目に会った際に、質問応答記録書を取らせてほしいと言われたのです。1回目の実地調査の際に聞き取りした内容を元に、税務署側で質問応答記録書を事前にパソコンで作成していました。質問応答記録書には、「○月○日○時　納税者の自宅にて以下の質問をして回答を得た」と記載されています。まだ質問も回答もしていない状況で、事前に日時まで記載されていたのです。

内容としては1回目の実地調査の際に聞き取りをしたもので間違いはなかったのですが、質問応答記録書の日時について事前に記載されていました。まだ質問も回答もしていない状況で日付が入っているのはおかしいと指摘して、質問応答記録書の作成を断りました。質問応答記録書をパソコンで作成することは問題ありません。結局、この調査では質問応答記録書は作成されず終了となりました。

後々の証拠にもなる書面でもあり、重加算税の対象となる可能性がある場合に作成されるケースが多いため、税務署側から作成する旨の話が出た場合には慎重に対応する必要があります。

質問応答記録書を作成したからといって、必ずしも重加算税の対象となるわけではありません。実際に質問応答記録書を作成しても重加算税を課せられなかった事例もあります。ただし、質問応答記録書の作成に応じるか否か、作成に応じる場合には文言ひとつひとつにまで注意を払わなければなりません。

質問応答記録書は税務署側が作成します。作成後に、その内容を納税者側が確認し、内容が誤っている点や事実と異なる点は修正してもらうことができます。内容に間違いがないことを確認したうえで、納税者が署名押印をすることになります。

納税者側は、作成後に内容を確認することができますので、その際に文言をしっかりと確認しなければなりません。そのようなつもりがなかったのに、「意図的に」と書かれたり、知らなかったのに「把握していたが」と書かれたりすることもあります。先述したように、資料を「紛失」してしまったのに「破棄」と書かれることもありました。

事実と相違がないかどうかは、入念に確認しなければなりません。重加算税の賦課に影響する可能性もありますので、税務調査においては質問応答記録書の対応は非常に重要なものとなります。

【著者紹介】

内田　敦（うちだ　あつし）

税理士。内田敦税理士事務所代表。

1979年埼玉県生まれ千葉県育ち。大学卒業後，一般企業に就職したが税理士資格取得を目指し退職。複数の税理士事務所に勤務しながら税理士試験勉強を続け2010年に税理士試験合格，2011年に税理士登録。2016年に独立。

独立後は個人事業者に対応している税理士が少ないとの声を受け，個人事業者専門として活動している。主に税務調査の対応に力を入れている。

2014年より毎日更新しているブログ（https://siegtax.com/）では趣味や考え方を，ホームページ（https://www.uchitax.com/）では個人の確定申告や税務調査に関する情報を発信している。

【主要著書】『十人十色の「ひとり税理士」という生き方』（大蔵財務協会，共著）

著者との契約により検印省略

令和２年２月15日　初版第１刷発行

税理士のための個人事業者・フリーランスの税務調査実例＆対応ガイド

著　者　内田　敦
発行者　大坪克行
印刷所　税経印刷株式会社
製本所　牧製本印刷株式会社

発行所　〒161-0033 東京都新宿区下落合２丁目５番13号　株式会社 税務経理協会
振替 00190-2-187408　電話 (03)3953-3301（編集部）
FAX (03)3565-3391　(03)3953-3325（営業部）
URL http://www.zeikei.co.jp/
乱丁・落丁の場合は，お取替えいたします。

ISBN978-4-419-06673-4 C3034